TEUFLISCHE JAHRE

pardon
DIE DEUTSCHE SATIRISCHE MONATSSCHRIFT 1962–1982

FAVORITEN PRESSE

INHALT

Von Loriot gezeichnet, noch ohne Teufel und ohne Titelthema: Die nicht für den Verkauf bestimmte Nullnummer von PARDON, Oktober 1961

TEUFELSZEUG

MEHR SAUERSTOFF INS HIRN — 3
Gerhard Kromschröder über den Lebensweg von PARDON, der Zeitschrift mit den Hörnern unterm Hut

IM NORDEND, WO DENN SONST? — 4
Elsemarie Maletzke über den Frankfurter Stadtteil, in dem PARDON entstand

JAHR FÜR JAHR SATIRE — 8
PARDON ab 1962 in sämtlichen Titelbildern aus zwei Jahrzehnten sowie in ausgewählten Beiträgen

INNENANSICHTEN — 190
PARDON-Veteranen erzählen, wie sie dazustießen, was sie antrieb und warum sie gingen

EMPFANG

MEHR SAUERSTOFF INS HIRN

Gerhard Kromschröder über den Lebensweg von PARDON,
der Zeitschrift mit den Hörnern unterm Hut

PARDON – was für ein blöder Name! Und das auch noch für eine neue satirische Zeitschrift. Pardon, Entschuldigung, Verzeihung, tut mir leid. So devot, so kleinmütig. Das wird doch nie was.

Als ich jedoch sah, dass sich die Redaktion für einen Teufel als Logo entschieden hatte, war ich versöhnt. Ein pfiffiger Kerl, dieser breit lachende Teufel. Lüpft freundlich seinen Hut und zeigt seine bisher darunter verborgenen Hörner – überaus hintersinnig, wie man damals sagte, Anfang der 60er Jahre des letzten Jahrhunderts.

Mich hatte es zu dieser Zeit in die tiefste Provinz verschlagen, ins Emsland, Hort erzkatholischer Reaktion. Dort lernte ich, was Unaufgeklärtheit anrichten kann. Welche Befreiung, als ich 1967 die Chance erhielt, als Redakteur für das Blatt mit dem Teufel zu arbeiten. PARDON-Chef Hans A. Nikel hieß mich willkommen. 1962 hatte er die Zeitschrift zusammen mit Hans Traxler, Chlodwig Poth und Kurt Halbritter in Frankfurt am Main ins Leben gerufen. Ihr Blatt nannten sie PARDON, „die deutsche satirische Monatsschrift". Sie wollten gegen Prüderie, Aufrüstung und Verdrängung der NS-Vergangenheit ankämpfen; dazu beitragen, aus der stagnierenden, spießigen Bundesrepublik eine lebenswertere, demokratischere Gesellschaft zu machen, „mehr Sauerstoff ins Hirn" bringen.

Das Konzept passte. Denn da war diese unruhig gewordene Nachkriegsjugend, die sich angesichts der Hohlheit des propagierten Wohlstandsoptimismus fiebrig alternativen Gesellschaftsmodellen entgegenträumte. Als ich zur Redaktion dazustieß, hatte die Hochzeit der Studentenrevolte gerade begonnen, und PARDON war das Blatt der Stunde. Wir waren jung und frech und verdammt politisch. Nicht nur Springer sollte enteignet werden, auch dem eigenen Verleger wollten wir die Produktionsmittel entwinden (weder das eine noch das andere hat geklappt). Wir sahen uns an der Seite der antiautoritären Bewegung, engagierten uns gegen den Krieg in Vietnam und gegen den Muff von tausend Jahren nicht nur unter den Talaren.

PARDON war optisch stilprägend, strahlte aus auf Gebrauchsgrafik und Werbung. Das Konzept, Humor, Komik und Satire mit engagierten Texten und Reportagen zu mischen, kam an. PARDON war Experimentierfeld und Talentschmiede. Das Blatt wurde erste Adresse für junge Zeichner, denen dort eine große Spielwiese offenstand, und hier konnten sich schreibende Berufsanfänger wie Alice Schwarzer und Günter Wallraff profilieren.

PARDON setzte Maßstäbe in seiner Respektlosigkeit gegenüber weltlichen und kirchlichen Autoritäten, gab vielen kritischen Geistern ein Forum. Es provozierte Skandale und Debatten, regte an, setzte Themen, nahm Einfluss. Eckte dabei immer wieder an, wurde vom rechten politischen Lager mit Prozessen überzogen, legte sich mit den meist klerikalen Sittenwächtern an, agitierte gegen die weitverbreitete Prüderie und bürgerliche Doppelmoral, was von Anfang an zu Verbotsanträgen, Zensurversuchen und Verkaufsbeschränkungen führte.

PARDON gab der Stimmung der Epoche Form, setzte Sinnlichkeit gegen Verklemmtheit, verstand es, die brennende Sehnsucht der Jugend nach Veränderung zu formulieren. Die Gesellschaft war offener geworden, die rigiden Moralvorstellungen der Altvorderen zerfielen, Freizügigkeit war angesagt. Diesem Trend folgend, setzte die Redaktion schließlich im Zuge der während der Studentenrevolte verbreiteten Forderung nach Befreiung von sexuellen Zwängen bei der Titelgestaltung provokativ auf das Thema Sex, was nicht immer elegant gelang.

Zwölf Jahre blieb ich dabei, erlebte nach Spitzenauflagen von über 300.000 Exemplaren, wie das Blatt langsam an Schwung verlor, sich verzettelte. Verleger Hans A. Nikels Versuch, New-Age-Themen, für die er sich begeisterte, verstärkt in PARDON zu platzieren, vertiefte die internen Auseinandersetzungen um den Kurs des Blattes und beschleunigten den eingesetzten personellen Aderlass. Wichtige Mitarbeiter setzten sich ab, ein Teil firmierte fortan erfolgreich als „Neue Frankfurter Schule" und gründete 1979 das Konkurrenzblatt „Titanic".

In dem vorliegenden Materialband sind alle PARDON-Titelblätter in chronologischer Folge abgebildet, immer begleitet von einigen wenigen ausgewählten Heftseiten aus dem jeweiligen Jahrgang. Die Sammlung kann als kritisches bundesrepublikanisches Geschichtsbuch gelesen werden, beginnend mit dem PARDON-Gründungsdatum 1962, als Konrad Adenauer noch Bundeskanzler war, bis zu dem Jahr, als Helmut Schmidt von Helmut Kohl abgelöst wurde. Die letzten beiden Jahre war PARDON, inzwischen bei einem anderen Verlag, in Hamburg von einer neuen Redaktion gemacht worden. Und 1982, nach 20 Jahren, wurde PARDON schließlich eingestellt. Damit waren sie vorbei, die „Teuflischen Jahre". Ein für allemal.

Gerhard Kromschröder geboren 1941 in Frankfurt am Main, war von 1967 bis 1979 bei PARDON, zuletzt als stellvertretender Chefredakteur. Zusammen mit Till Kaposty-Bliss ist er Herausgeber dieses Bandes.

WO PARDON ENTSTAND

IM NORDEND, WO DENN SONST?

Elsemarie Maletzke über den Frankfurter Stadtteil, in dem PARDON entstand und der der Redaktion zur Heimat wurde. Die Szene dort war einmal frivoler und humorhaltiger, aber das Quartier hat's überstanden

„Als das Heidi am ersten Morgen in Frankfurt seine Augen aufschlug, konnte es durchaus nicht begreifen, was es erblickte." Die Schweizer Alpen waren es nicht, sondern „die Stadt im Herzen von Europa", von deren Ruhm und Herrlichkeit noch nichts ins Dörfli gedrungen war. Heidi – vom Alm-Öhi in die Zuständigkeit von Fräulein Rottenmeier gewechselt – hatte mit Frankfurt so gar nichts am Hütli. Sie musste erst auf den Dom steigen, um von dort wenigstens den Feldberg zu erblicken. Zu ihren Füßen lag die Altstadt, 1880 noch echt alt und stinkig und jenseits der niedergelegten Wallanlagen das Nordend, ein aktuell schwer beliebtes Viertel, das damals allerdings nicht besonders reinlich wirkte.

Man hatte den städtischen Friedhof dorthin verlegt, wo vom Taunus herab ein frisches Lüftchen wehte, weil man über den innerstädtischen Totenacker um die Peterskirche nur mit dem Taschentuch vor der Nase gehen konnte. Aus der Höhe hätte Heidi den baumgesäumten Kirchhofsweg gesehen, der jetzt die Eckenheimer Landstraße ist, vielleicht eine Pferdetram Richtung Adlerflychtplatz zuckeln, den Holzhausenpark samt Wasserschlösschen in der Oede und mit besonderem Scharfblick rechts des Grüneburgwegs die Bauern beim Heumachen.

In der Nach-Heidi-Ära begann Frankfurt entlang der Ausfallstraßen ins Ländliche hinaus zu wachsen und sein damaliges nördliches Ende ist im Plan noch immer so vor-

Wo die PARDON-Redaktion im Nordend zu Hause war:
Bornwiesenweg 79 (1962-1965)
Hebelstraße 11 (1965-1971)
Oberweg 24 (1971-1973)
Oeder Weg 157 (1973-1979)
Trauriger Smily: Gaststätte Mentz, Feierabendredaktion

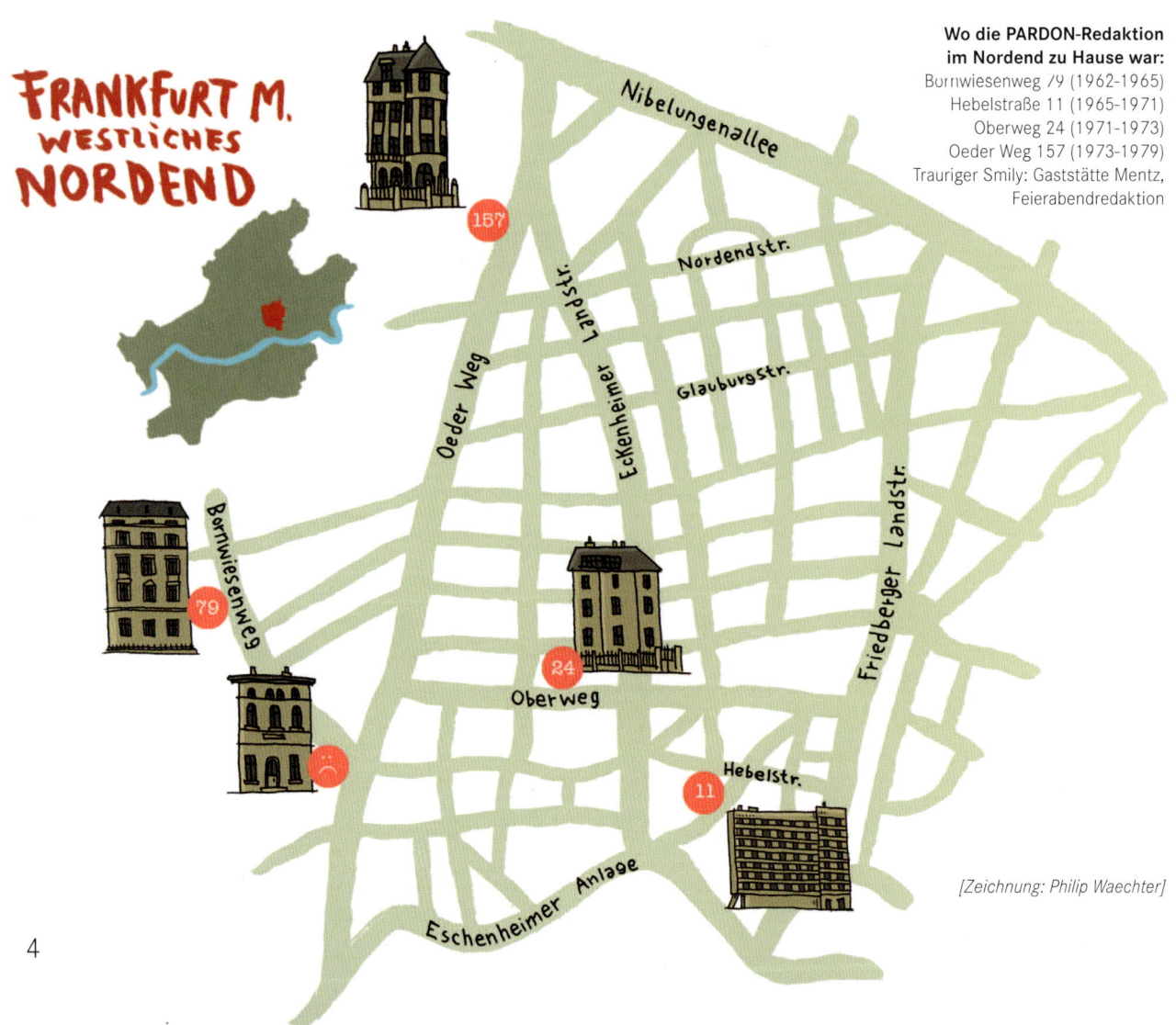

[Zeichnung: Philip Waechter]

handen: Gründerzeit-Architektur; gut proportionierte Blockrandbebauung mit Vorgärten, Einfahrten, Hinterhöfen und Remisen, aber ohne viel Geschnörkel und gern auch „Worschtfettviertel" genannt, weil hier nicht wie im Westend mit Butter gebraten wurde und der Stuck an den hohen Zimmerdecken ebenfalls nur in abgespeckter Form vorkam. Das Frankfurter Bad – ein Wannengehäuse mit Schranktür – galt als Speerspitze häuslicher Hygiene. Es ersparte den Gang ins Volksbrausebad am Merianplatz (10 Pfennig pro Brause), ist heute aber selten geworden, da es sich jeder Mieterhöhung querstellt. Nur an den schmalen hohen Fenstern sieht man den alten Fassaden noch an, wo es einmal hineingequetscht worden war. Bis in die siebziger Jahre gestalteten sich die Mieten erschwinglich für Wohngemeinschaften, Solisten, Rentnerinnen und Familien mit nur einem, nicht allzu üppigen Einkommen. Das sind sie heute nicht mehr.

Umso bedauerlicher, denn das Nordend ist ein gesegnetes Viertel. Von der Wiege bis zur Bahre – vom Bürgerhospital bis zum Hauptfriedhof – muss man sich nicht hinaus begeben. Alles ist vorhanden: Brot, Käse, Kuchen, Apfelwein, Gemüse, Pillen, Polster, Platten, Hüte, Klamotten, Kaffee, Trödel, orientalische Spezereien und englische Kekse. In der Mercatorstraße praktiziert die Buchhandlung meines Vertrauens, Land in Sicht, in der Glauburgstraße das Stalburg-Theaterchen mit angeschlossener Gastronomie, wo man wohlfeil auch nur eine Portion Kartoffelbrei bestellen und im Sommer unter den Platanen im Garten sitzen kann.

Es gibt laute Orte wie den Friedberger Platz für die After-Work-Partybiester und ganz stille wie den Lesesaal der Deutschen Nationalbibliothek, wo nur das Umblättern der Seiten, das Rascheln der Computertastaturen und das Wimmern der auf- und niederfahrenden Sonnenblenden zu hören ist. Es gibt den Mousonturm für die große Bühne, das Mal Seh'n-Kino für den gepflegten Film, mindestens einen Fahrradladen, im Mai die Strauchpäonien im Bethmannpark und das Reformhaus Andersch, das lange vor den Bioläden da war. Neuerdings gibt es auch noch rote Radwege. Ab März werden die Eisdiele Christina in der Eckenheimer Landstraße belagert, und sobald das Wasser angestellt ist, die Fontänen im Günthersburgpark. Wer wollte da weichen?

Zufluchtsort im Nordend:
PARDON-Stammlokal *Mentz* in den siebziger Jahren, gezeichnet von F. K. Waechter für Eckard Henscheids Roman *Die Vollidioten*

Rund 53 000 Nordendler und -innen leben zwischen Eschenheimer Landstraße und Sandweg, Bertramswiese, Günthersburgpark und Anlagenring. Anfang der sechziger Jahre waren es noch 30.000 mehr, aber inzwischen hausen hier nur noch halb so viele Menschen in doppelt so großen Wohnungen. Alle wollen ins Nordend, vorneweg die größten Langweiler, die mit wehendem Schlips und stolzem Steiß auf Elektrorollern durchs Quartier pesen. Ich stehe zu meinen Vorurteilen, denn seit ich 1968 ins Viertel gezogen bin, wurde ich zweimal von Leuten wie diesen aus meiner Wohnung hinausgentrifiziert und lebe nun vis à vis einer seit drei Jahren rumorenden Großbaustelle; im Nordend – wo denn sonst?

Nein, ich glaube nicht, dass es um jede schrömmelige Ecke schade und der Wandel zu beklagen ist – oder doch? Ja. Siehe die angeberischen Tram-Stationen in der Eckenheimer Landstraße oder die „Kommunikationsstätte für die Wirtschaftscommunity", für die 2002 zwei würdige Häuser und der gemeinsame Garten der Nachbarn in der Eschersheimer Landstraße platt gemacht wurden. Unbeschreiblich der Blick über die Kiezgrenze, wo einmal das runde Eck der Frankfurter Rundschau stand. Es kommt da einiges an Grusel zusammen, und das Urban Gardening in Betonkästen ist kein wirklicher Ersatz für die gefallenen Bäume in der Adlerflycht- oder der Marschnerstraße, zumal der Pflegeaufwand mit der Zeit nachlässt. Verschwunden sind Fisch-Brenner und Pizza Peter, der Horizont und die Nr. 16, die Metzgerei Bechold mit der unvergleichlichen Kalbsleber, die alte Dame in der Lenaustraße und ihre kleine Drogerie; die weltbesten Marzipanhörnchen samt dem Café Sonnenuhr, wo ich nie einen Gast, aber immer die Bäckersfrau mit ihren Freundinnen sitzen sah.

Das Nordend, heute voll gentrifiziert:
Neues Wohn- und Geschäftshaus anstelle der abgerissenen Gaststätte an der Ecke Oederweg/Bornwiesenweg
[Foto: Gerhard Kromschröder]

Die Leute, die fünf Minuten später um die Ecke biegen, nachdem geschlossen, umgewandelt, abgehackt, entmietet und luxussaniert wurde, wissen nichts davon und finden alles okay. Ab sofort können sie hinter Schaufensterscheiben Architekten, Immobilienmakler und Mediendesigner bei der Arbeit besichtigen und Cafés aufsuchen, in denen das Personal nicht bedienen, sondern besprechen will, warum es mit dem Cappuccino nicht voran geht. Es müssen schon Coronaleugner oder Putinfans anrücken, damit es mal laut wird an der Ecke.

WO PARDON ENTSTAND

Die PARDON-Redaktion im Dezember 1972
1 Stano Kochan
2 Wolfgang Lüdke
3 Robert Gernhardt
4 Peter Knorr
5 Volker Ernsting
6 Paul Taussig
7 Chlodwig Poth
8 Franziska Schütt
9 Elsemarie Maletzke
10 Gerhard Kromschröder
11 F. K. Waechter
12 Bernd Rosema
13 Kurt Halbritter
14 Nikolaus Jungwirth
15 Patricia Hess
16 Elisabeth Vollmers
17 Hannelore Bitsch
18 Hans A. Nikel
19 Hagen Rudolph

[Foto: Inge Werth/Sammlung Gerhard Kromschröder]

In den sechziger Jahren war die Mischung eine andere; vielleicht etwas humorhaltiger und frivoler und entschieden weniger achtsam. Es war der Kiez, in dem PARDON, Deutschlands erstes Satiremagazin nach Kriegsende und mit ihm die Neue Frankfurter Schule erschien und wunderbar gedieh; erst im Bornwiesenweg, dann in der Hebelstraße, im Oberweg, schließlich im Oederweg. Das Schicksal des Blatts war besiegelt, als spiritueller Schwurbel ein- und die Redaktion in die Freiherr-vom-Stein-Straße umzog: Westend, eigentlich kein Wunder.

Damals war das Nordend überschaubar, und das soziale Netzwerk bestand darin, dass man tagsüber unangemeldet bei seinen Freunden hereinschneite und sich abends ohne Vertun im selben Wirtshaus traf. Wie Eckhard Henscheid in seinem historischen Roman Die Vollidioten aus dem Jahr 1972 schreibt, wohnten dessen Protagonisten – bei denen es sich ziemlich unverhohlen um das real existierende Redaktionspersonal von PARDON handelte – einander mehr oder weniger schräg gegenüber: die Herren Genazino und Jungwirth in der Eckenheimer Landstraße, später in der Rotlint- und der Rohrbachstraße; Pit Knorr ebendort in der ehemaligen Wohnung der Gernhardts und nach Jahren im Bockenheimer Exil wieder zurück im Nordend; Volker Ernsting in der Weberstraße; Chlodwig Poth in der Schopenhauerstraße; F. K. Waechter, Genie und Eintracht-Fan, in der Händelstraße und im Bornwiesenweg; zu Fuß erreichbar waren Hans Traxler und Robert Gernhardt im Westend; Kurt Halbritter abgeschlagen in Rödelheim und Gerhard Kromschröder im Ausland: Niederdorfelden.

Dafür rückten Eckhard Henscheid in der Eckenheimer Landstraße und Bernd Rosema, ein berüchtigt ausschweifender Teetrinker und Frühstücker, im Oberweg zusammen; letzterer in Sichtweite der WG von Birgit Wischnewski, Elsemarie Maletzke und Margarete „Mizzi" Moser, die alle drei bei PARDON den unscharf beschriebenen Job der Redaktionsassistentin versahen. Die einzige Redakteurin war 1969 Alice Schwarzer, die natürlich Wichtigeres zu tun hatte, als sich jeden Abend bei Mentz zu betrinken. Wo sie wohnte, ist mir entfallen. Sie blieb nicht sehr lange.

1971 startete sie an einem Couchtisch in der Fritz-Reuter-Straße 5 in Eschersheim die Kampagne „Wir haben abgetrieben", in der sich 374 Frauen – ganz ohne Social Media – selbst bezichtigten und die Abschaffung des Paragraphen 218 forderten. Es war ein Titel, mit dem der Stern Furore machte. Acht der Unterzeichnerinnen, so sehe ich auf der Liste, waren beruflich oder durch ihre Männer mit PARDON verbandelt.

Doch im Blatt schlugen sich die Anliegen der Frauenbewegung so wenig nieder wie der Ruhm der Frankfurter Eintracht in Heidis Dörfli. Links und frech zu sein, schloss noch jeden sexistischen Witz mit ein, und Frauen kamen im Blatt vorwiegend in entkleideter Form vor. Schwer vorstellbar heute ein Cartoon wie der von Chlodwig Poth, der einen Rentner auf einer Bank im Günthersburgpark vor dem monumentalen schwarzen Stier – ein Werk, das 1912 auf der Weltausstellung in Brüssel eine Goldmedaille gewonnen hatte – seinen erotischen Tagträumen nachhängen lässt: „Da hatt ich doch mal in Erfurt sone dralle Blondine …"

Das Personal, „die Elite der Nation" (Henscheid), verkehrte im Alt Heidelberg in der Friedberger Landstraße, beim Pizza Peter in der Glauburgstraße, vor allem aber in der Gaststätte Mentz an der Ecke Oederweg/Bornwiesenweg: Künstler, Schauspielerinnen, Leute vom Funk, emanzipationsbewegte junge Weiber – ein stolzes Wort im Jahr 1972 –, ältere Kulturverantwortliche, erstaunlich freie Mitarbeiter und „die Herren von den revolutionären Fakultäten", wie der Wirt sein studentisches Publikum nannte. Ein paar Mal wurde in der Kneipe der „Hans-Mentz-Preis für verschärfte Kommunikation" verliehen, undotiert, aber tosend gefeiert. Und während man bei PARDON alle Welt mit Genuss beleidigte und fleißig gegen das System stänkerte, herrscht in den Vollidioten „hochbetriebsame Ereignislosigkeit" und wird das Nordend eine ganze Woche vom „bewegten Nichts" in Beschlag genommen.

Tatsächlich gehörte der Mentz zu den „grässlichsten Bumskneipen, die es in Frankfurt gibt" – so Wilhelm Genazino, der in den Vollidioten als Herr Domingo mit am Tresen steht. Niemals während der fünfzehn Jahre, in denen sich das Gasthaus in der Hand des alten und dann des jungen Mentz befand, hatte einer von ihnen Schritte zur Renovierung des Schankraums mit den großen Zille-Reproduktionen, den gelblich lackierten Tischen und dem grünen Kachelofen unternommen. Die Wände waren in einer gedeckten graugelben Köterfarbe gehalten, ebenso die Vorhänge, denn es wurde ja noch heftig geraucht. Gleichwohl, als es 1977 zu Ende ging, wollte Wilhelm Genazino diese Vorhänge erwerben, um damit seine Abschiedstränen zu trocknen. Vermutlich ist es nicht dazu gekommen. Das kleine Haus verschwand erst unter einer Plane und wurde schließlich ganz abgeräumt. Aktuell befindet sich an seiner Stelle ein Institut für „Beauty & Waxing".

Das Jahr 1972 war in weiterem Sinne bedeutsam. Das Shell-Hochhaus am Nibelungenplatz verlor seinen Rang als das höchste neue Haus in Frankfurt (90 Meter) an den Uni-Turm (116 Meter), beides Gebäude von geringer Schönheit, und am 1. Juni wurden in einem Appartementhaus Kühhornshofweg Ecke Hofeckweg die führenden RAF-Männer Baader, Meins und Raspe festgenommen. Die Gewissensfrage, was zu tun sei, falls einer von ihnen einmal vor der Tür stünde und Quartier begehrte, hatte sich damit erledigt. Die Diskussionen über das Politische und Private, die lila angestrichenen Möbel, die ausgehängten Klotüren und die fremden Stiefel unter dem Frühstückstisch irgendwann auch.

Wer im Jahr 1972 jung war, geht nun auf die achtzig zu. Viele sind schon nicht mehr am Leben: Kurt Halbritter, Chlodwig Poth, F.W. Bernstein, Hans A. Nikel, einer der Gründer von PARDON. Auf dem Hauptfriedhof liegen Robert Gernhardt, Nikolaus Jungwirth, Wilhelm Genazino und F.K. Waechter, dessen Grab man sich gut merken kann, weil es unfern von dem des Dr. Alois Alzheimer liegt. Auch hier hat der Pflegeaufwand mit den Jahren nachgelassen. Immerhin rankt eine weiße Rose durch die ungebändigte Eibe.

Jenseits der Mauer des städtischen liegt ein weiterer Friedhof, ein Ort im Nordend, der sich nie zum Neuen wandeln wird, dessen Steine von Baumwurzeln umarmt werden und im Frühling in blauen Teichen blühender Sternhyazinthen stehen: der 1929 geschlossene jüdische Friedhof. Der Blick durch das Portal in der Rat-Beil-Straße verliert sich in schattigen Platanen-Alleen. Hier sind Generationen von Rothschilds unter Prunkmonumenten und bemoosten Sarkophagen versammelt und in gebremster Pracht noch andere – Schriftsteller, Verleger, Politiker, Künstler, Wohltäterinnen, Mäzene, eine Frauenrechtlerin und ein Nobelpreisträger –, die dem freien Frankfurt mehr gegeben haben als einen Straßennamen: Paul Ehrlich, Henry und Emma Budge, Theodor Stern, Bertha Pappenheim, Sonnemann, Hallgarten, Cassella, Oppenheim.

Einmal im Jahr wird auf den Wegen Laub zusammengerecht, und manchmal stehen Männer mit schwarzen Hüten am Grab des Wunderrabbis Israel von Stolin und wiegen sich im Gebet. Ansonsten gehorcht alles dem Gang der Jahreszeiten und den Regeln des stillen, ungehinderten Verfalls. Doch wer hier die Augen aufschlägt, begreift, dass sich in Frankfurt einmal mehr zugetragen hat als das bewegte Nichts.

Elsemarie Maletzke, geboren 1946 in Schotten im Vogelsberg, war von 1968 bis 1974 bei PARDON und gehörte zur Gründungsredaktion von „Titanic"; lebte in Irland und machte sich einen Namen mit Biographien über die Geschwister Brontë, schrieb Reisefeuilletons und veröffentlichte Bücher über englische Landschafts- und Gartenarchitektur. Zuletzt erschien ihr Buch „Magnolienmord", ein Gartenkrimi, der im Frankfurter Nordend spielt.

Im Nordend zu Hause: Elsemarie Maletzke mit Robert Gernhardt 1974 in der PARDON-Redaktion im Oederweg. *[Foto: Paul Taussig]*

1962

pardon
die deutsche satirische monatsschrift

Verlag Bärmeier und Nikel 6 Frankfurt Mainzer Landstr. 239

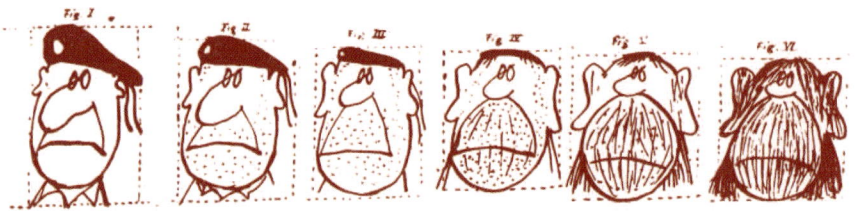

Lieber Freund, verehrte Dame,

wie wir – werden sicher auch Sie sehr besorgt die Entwicklung der Menschheit verfolgen. Wegen dieses augenscheinlich negativen Fortschrittes haben wir uns entschlossen, eine satirische Zeitschrift herauszubringen, die ohne Vorbehalt für die Erhaltung der menschlichen Gehirngefäße eintritt.

PARDON mit Namen, wird die Zeitschrift unter Mitwirkung von Erich Kästner, Werner Finck und Loriot von den Verlegern der SCHMUNZELBÜCHER Erich Bärmeier und Hans A. Nikel herausgegeben. Hans Magnus Enzensberger, Ephraim Kishon, Erich Kuby, Slawomir Mrozek, Robert Neumann und Gerhard Zwerenz sind einige von vielen bedeutenden Autoren, die in PARDON veröffentlichen. Bissige und humorige Zeichnungen von Kurt Halbritter, Walter Hanel, Chlodwig Poth, Siné, Traxler, Trez und anderen international bekannten Karikaturisten schenken dem Betrachter eine erquickliche Erholung vom Alltag.

Sich diese Erholung allmonatlich zu gönnen, dazu möchten wir Sie einladen. Mit dem beigefügten Probeheft stellen wir Ihnen eine Zeitschrift vor, die versucht, mit dem Scharfblick treffender Satire konkrete Zeiterscheinungen Ihrer pathetischen Kulissen zu berauben. Schauen Sie sich PARDON an. Bittere Ironie und skurrile Heiterkeit werden Ihnen begegnen.

Von höchster Stelle zu maßvollen Preisen aufgefordert, erhalten Sie PARDON für DM 16,– im Jahr. Das Einzelheft kostet am Kiosk DM 1,50. Sollten Sie einen repräsentativen Lebensstil bevorzugen, so empfiehlt es sich, Ihr Prestige durch doppelten oder dreifachen Bezug von PARDON zu bewahren. Sie erreichen damit die standesgemäße Geldausgabe. Eine Bestellkarte liegt bei.

Übrigens haben wir Sie nie für einen Egoisten gehalten. Deshalb nehmen wir als sicher an, daß Sie Ihren Freunden das Erscheinen von PARDON nicht verheimlichen werden.

Viel Spaß mit PARDON wünscht Ihnen

Ihr Verlag
BÄRMEIER UND NIKEL

PARDON – die Zeitschrift, die es hinter den Hörnern hat

Das „Vorausheft" vom Juli 1962, das F.K. Waechters Teufel in seiner Urform schmückte, war ein Testballon. Dem nicht für den Verkauf bestimmten Heft lag ein Brief von Erich Bärmeier bei (links), dem zweiten Verleger neben Hans A. Nikel. In dem Schreiben forderte er die ausgesuchten Empfänger des Probeheftes dazu auf, PARDON zu kaufen, wenn „die deutsche satirische Monatsschrift" demnächst erscheine. Dafür werde das Blatt versuchen, „mit dem Scharfblick treffender Satire konkrete Zeiterscheinungen ihrer pathetischen Kulissen zu berauben." Wird es gelingen, das Versprechen zu halten?

EDITORIAL

Erich Kästner
Zwei große Buketts

Eine neue satirische Zeitschrift neben dem altgedienten „Simplicissimus"? Nie und nimmer! Die meisten erfolgreichen Satiriker und Humoristen wie Erich Kästner (1899-1974) glaubten in der frühen Bundesrepublik schon längst nicht mehr daran. Dennoch musste der Bestsellerautor als Pate von PARDON in einem Geleitwort zur ersten Ausgabe eingestehen: „Und nun hält der Leser trotz allem eine solche Zeitschrift in der Hand. Keiner der großen Verleger, sondern ein kleiner und junger Verlag hat sich zum Risiko entschlossen und zur Tat aufgerafft."

Auf den Titel der allerersten Ausgabe schmuggelte Loriot eine Kugelbombe mit brennender Zündschnur in das Blumengebinde seines Knollennasenmanns – und das neue Blatt zündete auf der Stelle und ging ab wie eine Rakete.

Chlodwig Poth, von Anfang an dabei, machte sich in der Jungfernausgabe sogleich Gedanken, wen man alles beteiligen müsse, um mit der neuen Zeitschrift Erfolg zu haben: „Wir könnten Prozesse suchen, aufregende und nicht zu teure, Proteste provozieren bei den zahlreichen Verbänden, Vereinigungen und Vereinen" – und genau so kam's.

September 1962

Einen besseren Start kann sich die PARDON-Redaktion gar nicht wünschen: Bereits die erste Ausgabe provoziert heftigen Widerstand. Der Volkswartbund, eine in Köln ansässige Organisation katholischer Sittenwächter, beanstandet den doppelseitig gedruckten Cartoon „Eine Straßenbahn namens Sehnsucht" des Zeichners Agnese. Strafanzeigen werden erstattet, im Raum Köln werden Hefte beschlagnahmt. Begründung: „Offensichtlich schwer jugendgefährdend." PARDON erfreut sich durch diese Zensurversuche rasch wachsender Bekanntheit. Von dem beanstandeten Heft werden 25.000 Exemplare nachgedruckt und verkauft.

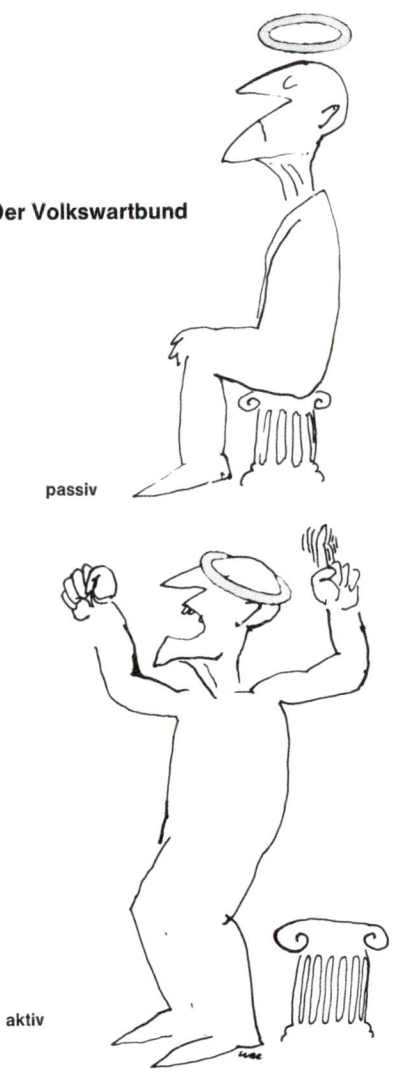

PARDON auf dem Scheiterhaufen bringt schlagartige Popularität, der rigorose Eingriff in die Presse- und Kunstfreiheit offenbart, wie verknöchert die junge Bundesrepublik ist.

1962

v. l. n. r.: Oktober, November, Dezember, Extrablatt 1962

Unten rechts: PARDONs Lieblingsfeind als Gefängnisaufseher auf dem Titelblatt eines aktuell produzierten Extrablatts zur Spiegelaffäre, die einen schwerwiegenden Eingriff in die Pressefreiheit darstellt.

1963

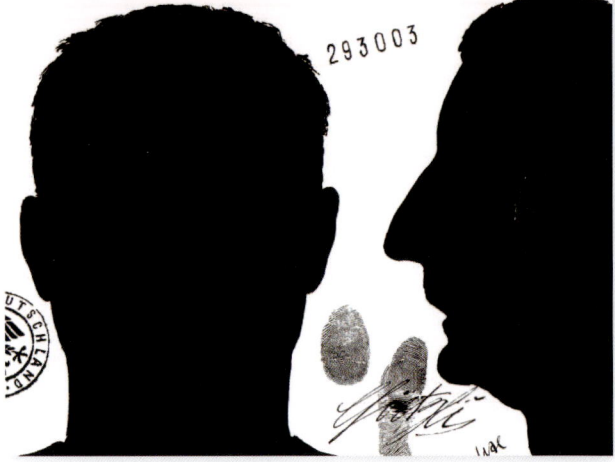

Januar 1963

Wehrertüchtigung durch Weihnachtsgeschenke: damit die Jugend mit Freuden der Wehrpflicht nachkommt.

 1963

die deutsche satirische monatsschrift · Frankfurt am Main D 7020 E   2. Jahr · Nr. 3 · März 1963 · DM 1,50

pardon

Mein Kampf um die Krone Europas

Außerdem:
Die steuerfreie Unmoral

März 1963

Karikaturist Peter Neugebauer ahnt schwere diplomatische Verwicklungen am kalten Buffet in Berlin.

 1963

v. l. n. r.: Februar, April, Mai und Juni 1963

Da kennt die Kirche keinen Spaß: Wer verhütet, tötet. Also: Hinweg mit den Automaten, die dieses Verbrechen ermöglichen!

Wie ist die SPD aus ihrer ewigen Oppositionsrolle zu erlösen? PARDON ist um praktische Tipps nicht verlegen.

Erschütternde Erkenntnis der UNESCO: Deutschlands Frauen sind unglücklich – zumindest 80 % davon. Kurt Halbritter weiß, wie der Übelstand zu beheben ist.

August 1963

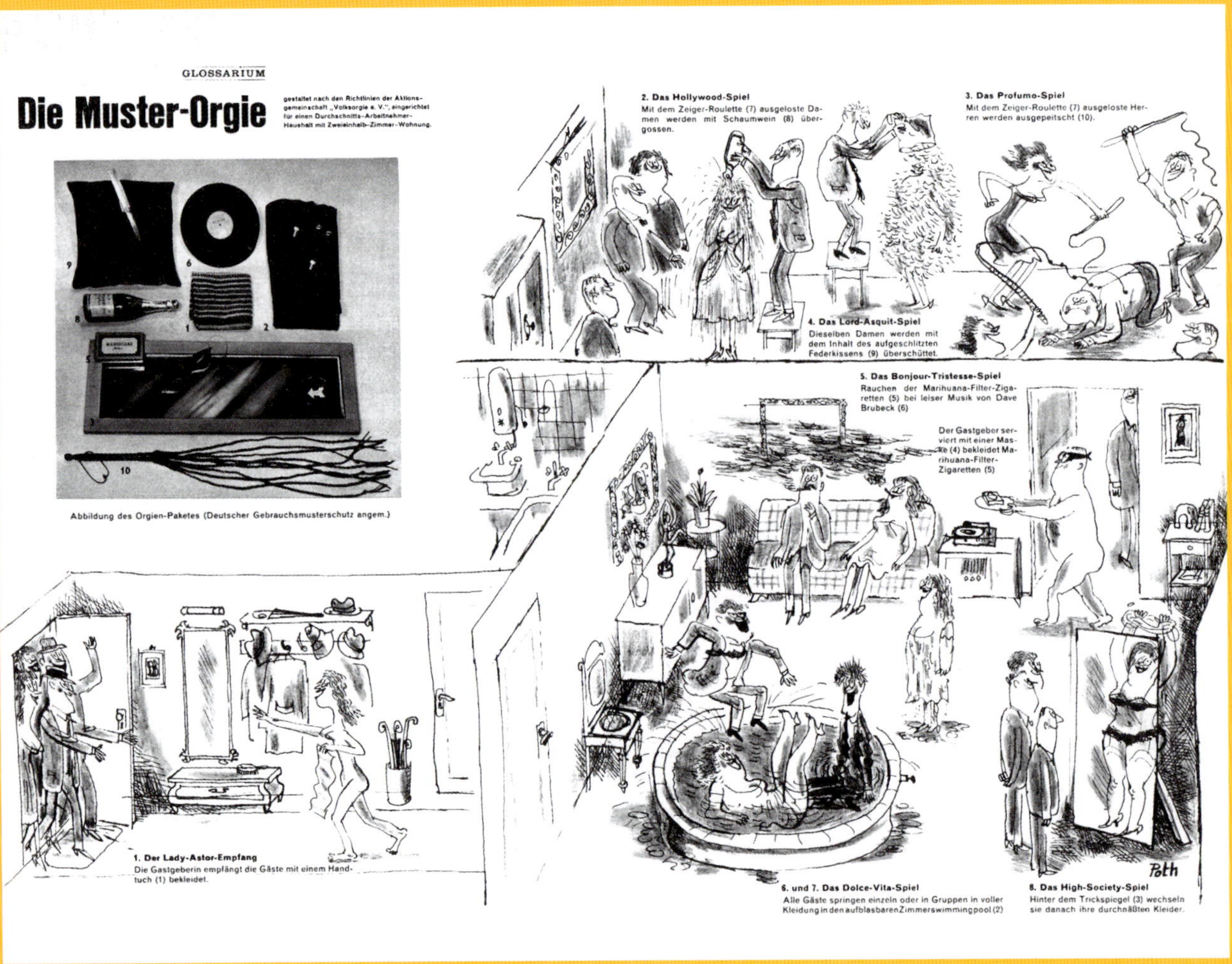

Die Nachkriegszeit scheint zu Ende, das Wirtschaftswunder verspricht „Wohlstand für alle".
Endlich Zeit, dem Volk auch Raum für spezielle Sinnesfreuden zu gewähren, findet Chlodwig Poth.

Wehe, wer nicht glaubt, dass Deutschland unteilbar ist. Kurt Halbritter hat eine formierte Gesellschaft dabei beobachtet, wie ihr die Staatsdoktrin eingebläut wird.

1963

v. l. n. r.: Juli, September, November und Dezember 1963

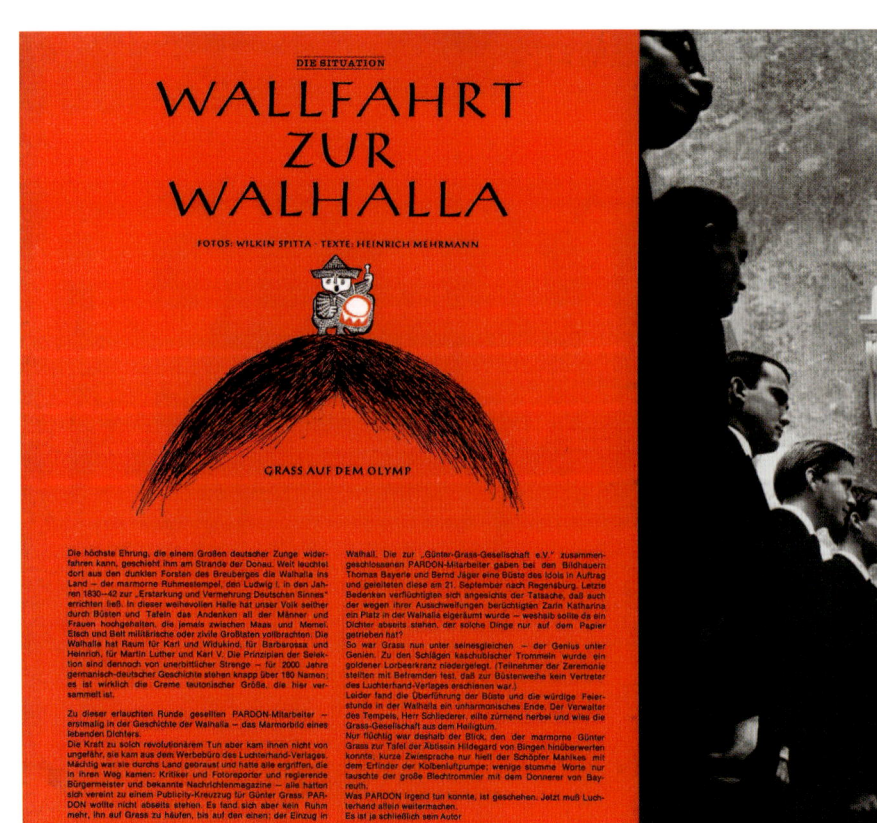

Günter Grass gilt in den früher 1960er Jahren als links und anti-bürgerlich. Bis seine Stilisierung zum Nationaldenkmal beginnt. PARDON schreitet zur Tat: Mit einer Grass-Büste im Gepäck betreten die Satiriker die Walhalla, den deutschen Heroen-Tempel an der Donau.
Und Grass findet in einem feierlichen Festakt zwischen germanischen Lichtgestalten den Platz, der ihm gebührt.

Ein Professor Georg Osseg verspricht „Die Wahrheit über Hänsel und Gretel": dass es sich bei dem Märchenstoff in Wirklichkeit um eine frühkapitalistische Fehde handelte, bei der das Geschwisterpaar Hänsel und Gretel eine Hexe im Spessart ermordeten, um der alten Konkurrentin ihr Nürnberger Lebkuchenrezept abzujagen. Alles akribischwissenschaftlich belegt durch historische Dokumente und Tatortfotos – aber alles erstunken und erlogen, alles ein Fake von Hans Traxler, der so glaubhaft fälschte, dass sogar die Fachwelt auf seine Wissenschaftssatire reinfiel.

 1963

die deutsche satirische monatsschrift · Frankfurt am Main · D 7020 E   2. Jahr · Nr. 10 · Oktober 1963 · DM 1,50

pardon

Schoßkind der Literatur:
Günter Grass

Oktober 1963

1964

Januar 1964

DAS THEMA
Neue Wege der Zigarettenwerbung

Chlodwig Poth

Längst sind die gesundheitsschädlichen Folgen des Rauchens bekannt. Werbefachmann Chlodwig Poth zeigt der Zigarettenindustrie, mit welchen Werbetricks sie Raucher dennoch bei der Stange halten kann.

 1964

Februar 1964

DAS THEMA

Kurt Halbritter: Die Teufelsaustreibung

Nur entschiedenes Einschreiten des einzelnen, theologisch Bevollmächtigten,
vermag den diabolischen Einflüssen im Volk Einhalt zu gebieten, findet Kurt Halbritter.

# 1964

v. l. n. r.: März, April, Mai und Juli 1964

Dieter Fricke   Uwe Gruhle

Am 20. April hätte Adolf Hitler sein 75. Wiegenfest feiern können, aber das Schicksal hat es anders gefügt. Um so dankbarer leben wir der Erinnerung an ihn.
Dank sei deshalb Professor Percy Ernst Schramm, der Hitlers Tischgespräche mit einer an „Reader's Digest" geschulten Einleitung versah, und Dank dem SPIEGEL, der so unsnobistisch war, sie abzudrucken.
Dank auch der QUICK, die uns in dramatischen Szenen an allen Höhen und Tiefen des Führerlebens teilhaben läßt.
Und Dank sei schließlich Paul Sethe. Er schrieb in der ZEIT (6. 3. 64): „Auch über Hitlers mangelndes Verhältnis zur Literatur, sogar über seine Kleidung,
sogar über seinen Schnurrbart wollen wir einiges wissen."
Wirklich nimmt ja der Bart in unserem Hitlerbild einen unverhältnismäßig breiten Raum ein. — Unsere psychologische Testbildserie zeigt einige typische Phasen des Bartes, an dessen Haaren die Erkenntnisse über Adolf Hitlers Wesen oft herangeholt werden.

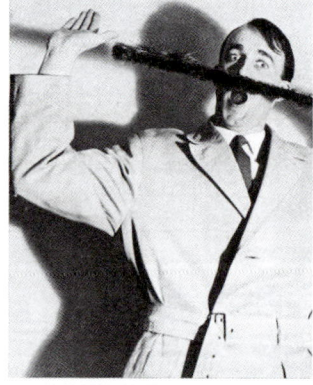

HITLER, DER FREUND DES WEITEN LEBENSRAUMES
mit Der-mächtigste-Mann-in-Europa-und-so-ein-lieber-Mensch-Bart
(Quick 8 / 1964, S. 50)

HITLER, DER FREUND DER NORDISCHEN RASSE
mit Elitetruppen-zur-Auffrischung-hinbringen-Bart
(Tischgespräche, S. 266)

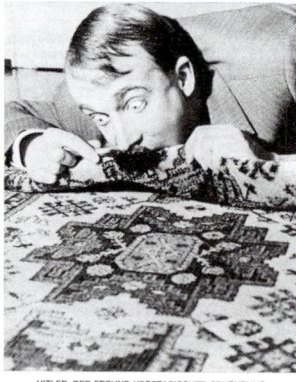

HITLER, DER FREUND DER ILLUSTRIERTEN
mit dem Der-Mensch-der-Adolf-Hitler-hieß-Bart
(Quick 5 / 1964)

HITLER, DER FREUND DER DAMEN
mit Ein-blondes-Ding-kam-auf-mich-zugesprungen-Bart
(Tischgespräche, S. 165)

HITLER, DER FREUND DER LOGIK
mit Im-großen-und-ganzen-wird-des-Gesicht-besser-erkannt-ohne-Bart-Bart
(Tischgespräche, S. 189)

HITLER, DER FREUND VEGETARISCHER ERNÄHRUNG
mit Hitler-liebte-schöne-Teppiche-Bart
(Tischgespräche, S. 99)

Hitler und kein Ende. Bis in letzte Detail wird sein Leben in den Medien ausgeleuchtet, alle seine Eigenheiten verdienen Beachtung, sogar sein Schnurrbart ist Thema. Dieter Fricke und Uwe Gruhle dokumentieren, welche Barttracht zu welcher Führerrolle passte.

„'n Abend, Jung's! Hab wieder Klasse-Szenen 'rausgeschnitten!"

Der Volkswartbund, katholische Moralinstanz vom Rhein, versucht wieder einmal, das Volk vor sittenroher Verderbtheit zu bewahren und erreicht für PARDONs Juni-Heft ein Auslieferungsverbot im Raum Köln. Die Begründung: die satirische Titelgeschichte „Deutschlands Mädchen: Im Bette unbesiegt". PARDON reagiert umgehend und druckt das Heft erneut als „Kölner Sonderausgabe" in einer selbstzensierten Fassung mit Schwärzungen und Balken über allem, was als anstößig empfunden werden könnte. Das Interesse an dem zweiten, nun unzuchtfreien Heft ist überwältigend – besonders in Köln.

Lieber Leser!

Immer wieder kommt es uns zu Ohren, daß Leser unserer Zeitschrift hier und da bei der Lektüre lachen mußten. Das hat PARDON den Spitznamen „Satirische Monatsschrift" eingetragen, gegen den wir an sich nichts einzuwenden haben. Aber noch nie hat jemand erkannt, mit welchem Ernst wir gegen Unrecht und Übeltun fechten. Die von PARDON sind Spaßvögel, heißt es allerorten. Und das wurmt uns. Wir wollen endlich die Masken her-

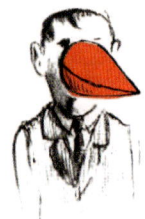      

abzerren und eine Zeitung machen, in der wir ohne Verfremdung direkt sagen können, was uns bewegt. Ausgehend von dem allgemein niedrigen Niveau der täglich erscheinenden Presseorgane, darin nicht Meinungsbildung, sondern Meinungsmache wuchert, haben wir daher beschlossen, dem heiteren Blatte PARDON einen ernsten Bruder zu zeugen: „DIE WELT IM SPIEGEL", kurz WimS genannt. Ernst soll hier nicht heißen, daß wir uns voll und ganz Mutter Traurigkeit an die Brust werfen wollen. Die Punkte unseres Redaktionsprogramms haben wir im WimS-Manifest zusammengefaßt.

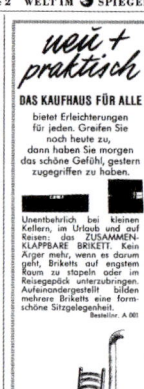

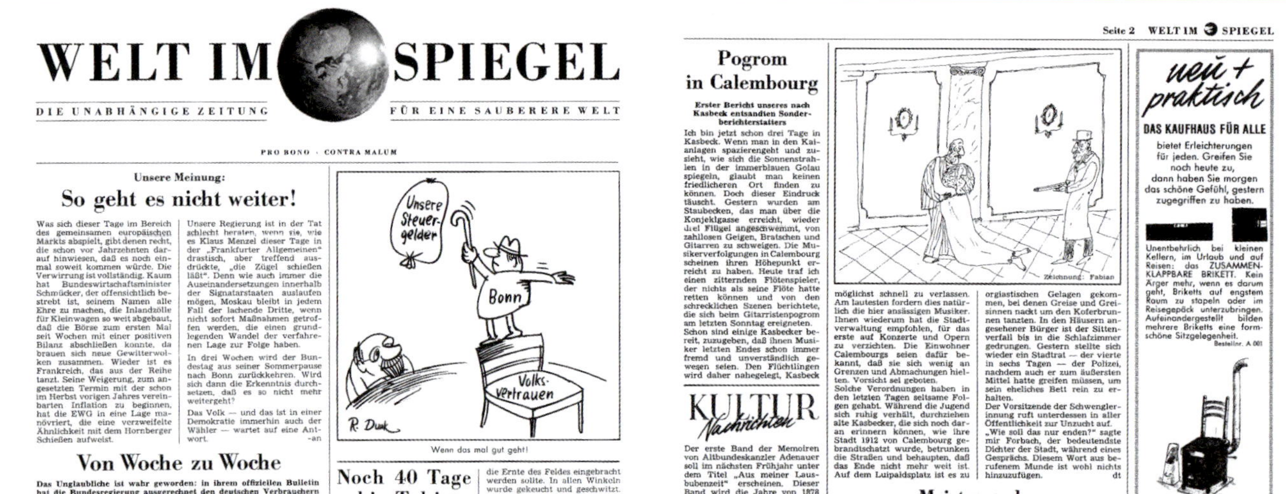

Der 31. August 1964, der Erscheinungstag der September-Ausgabe von PARDON, wird als Meilenstein in die Geschichte der deutschen Hochkomik eingehen: An diesem Tag erblickt „Welt im Spiegel", kurz WimS, das Licht der ahnungslosen Öffentlichkeit. Die Doppelseite, grafisch wie eine verschnarchte Provinzzeitung daherkommend, ist das Werk von Robert Gernhardt, F.K. Waechter und F.W. Bernstein. In einem „WimS-Manifest" versprechen sie jedem das Seine: „Hemmung für die Hemmungslosen, Herbstzeit für die Herbstzeitlosen, Brot für die Brotlosen". Zwölf Jahre lang, bis Januar 1976, wird das Nonsensblatt der drei zeichnenden und schreibenden Autoren Monat für Monat PARDON schmücken. Nur im Mai 1967, da fällt WimS einmal, das einzige Mal, aus.

1964

v. l. n. r.: August, September, Oktober und November 1964

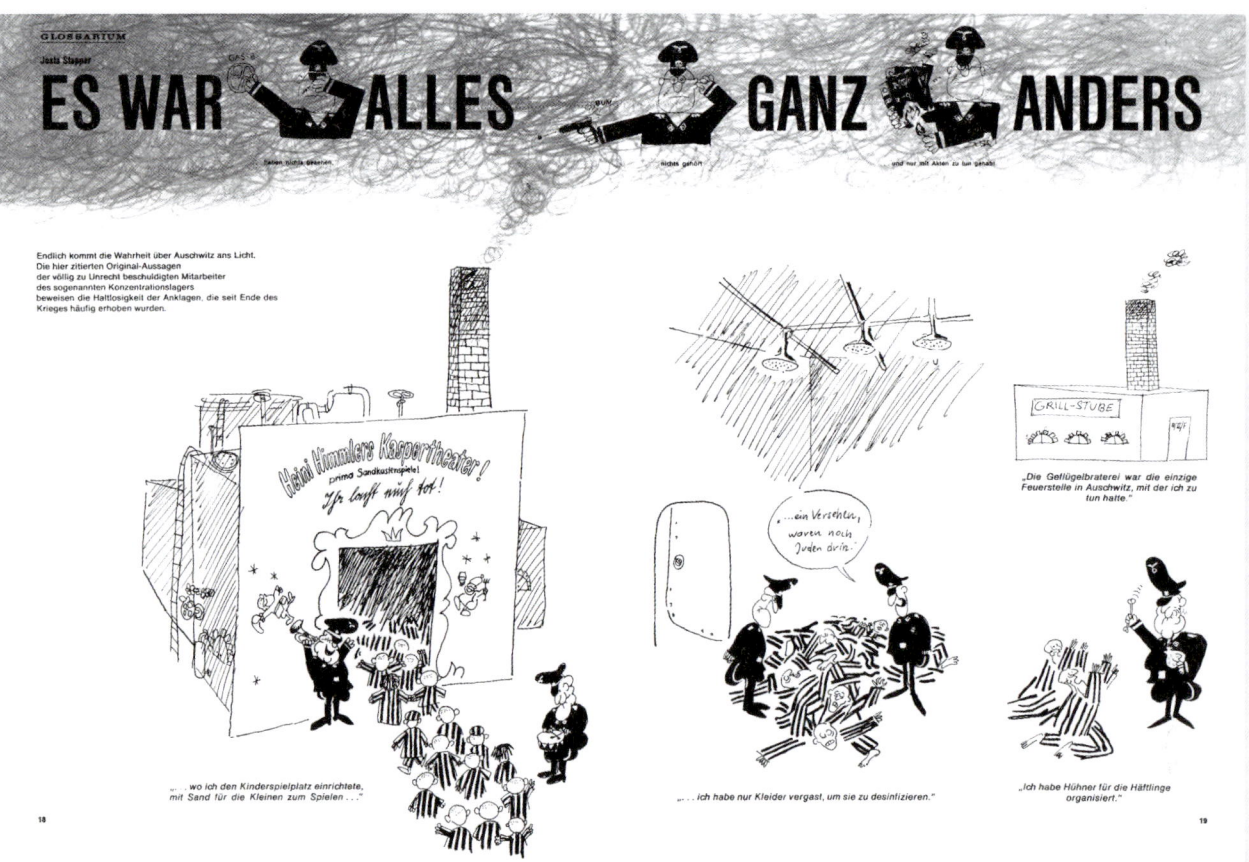

Das alte Lied: Keiner ist's gewesen, alle sind unschuldig. Josta Stapper hat Äußerungen aus dem Auschwitz-Prozess mit dem Lageralltag in Deckung gebracht.

PARDON hat recherchiert, wie die Berliner Mauer durchlöchert werden kann, so dass die Wiedervereinigung nicht mehr aufzuhalten sein wird.

Zeichner Picha ist es gelungen zu ergründen, warum es im täglichen Straßenverkehr immer wieder zu Unfallschwerpunkten kommt.

1965

Januar 1965

Jedes Produkt braucht ein prägnantes, unverwechselbares Signet. F. K. Waechter behauptet, für den PARDON-Teufel habe er 73 Vorentwürfe gebraucht. Diese Skizzen sollen es beweisen.

Februar 1965

ENDE BLUT, ALLES GUT

Sein Name ist Bond, James Bond. PARDON hat abgelauscht, wie wortgewandt er mit seinen Gegnern umgeht.

1965

v. l. n. r.: März, April, Juni und August 1965

Alkohol, Sex und wilde Parties: Die Jugend gerät außer Rand und Band. Kurt Halbritter hat Feldforschung betrieben.

WER IST HEINRICH LÜBKE?
Eine Einführung in sein Denken · Von Paul H. Burg

Die Bundesrepublik hat den Präsidenten, den sie verdient: Heinrich Lübke. Paul H. Burgs Analyse versucht für Worte und Taten des großen Sauerländers Verständnis zu wecken.

pardon

die deutsche satirische Monatsschrift · Frankfurt am Main · D 7020 E · 4. Jahr · Nr. 5 · Mai 1965 · DM 1.50

Robert Neumann

Eros per Inserat

Sie schlugen und befreiten uns
Peinliches zum 8. Mai

Früh kuscht sich, was ein Deutscher werden will

Otto Köhlers Sellerkiller:
Brustspitzen mit Zuckerguß

Wollt Ihr den Humanen Krieg?

Mai 1965

GE GE FÜR ES PE DE

Die Wahlkampfreden des Dichters in Ausschnitten von Friedrich K. Waechter

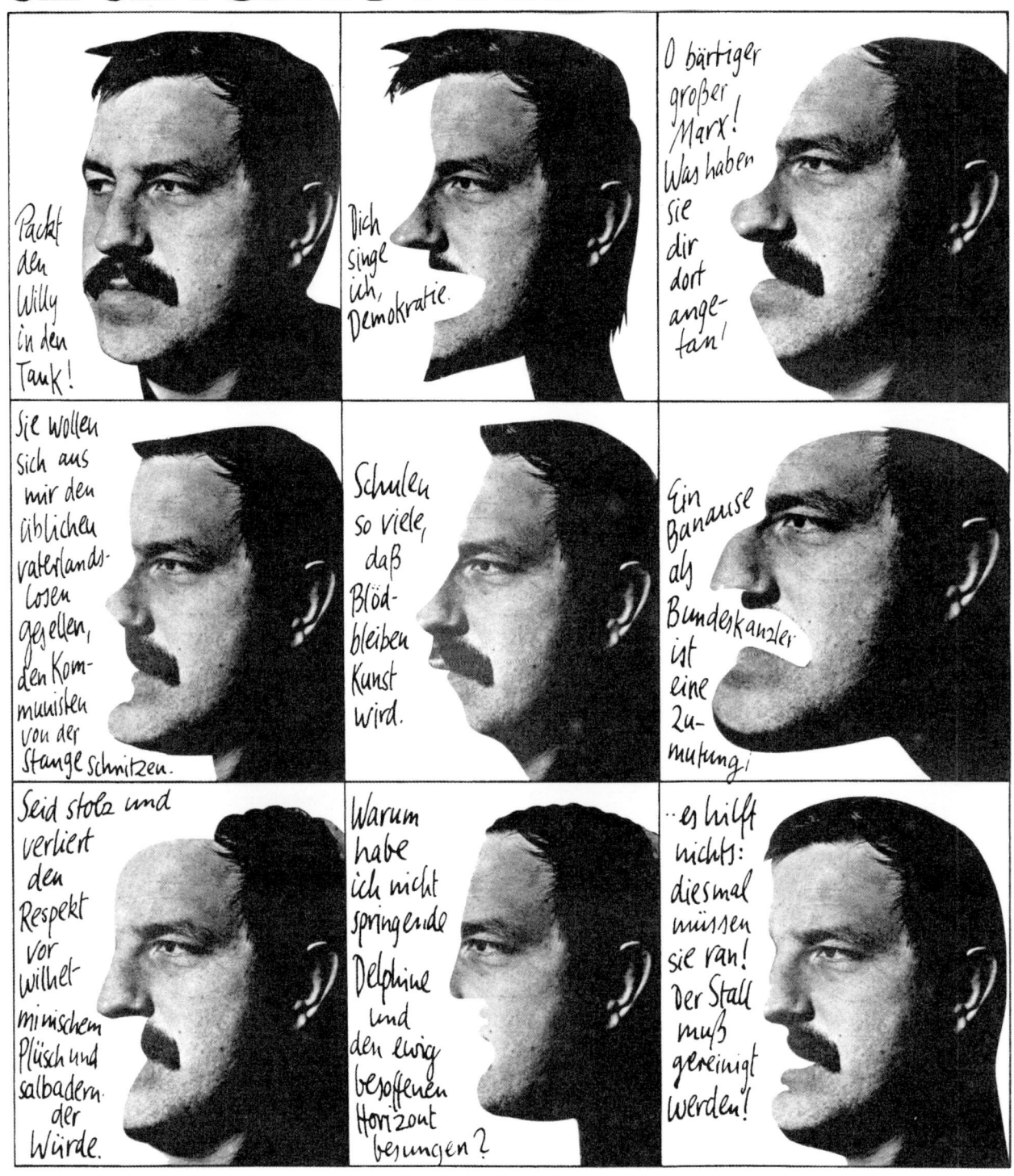

Packt den Willy in den Tank!	Dich singe ich, Demokratie.	O bärtiger großer Marx! Was haben sie dir dort angetan!
Sie wollen sich aus mir den üblichen vaterlandslosen Gesellen, den Kommunisten von der Stange schnitzen.	Schulen so viele, daß Blödbleiben Kunst wird.	Ein Banause als Bundeskanzler ist eine Zumutung!
Seid stolz und verliert den Respekt vor wilhelminischem Plüsch und salbadern der Würde.	Warum habe ich nicht springende Delphine und den ewig besoffenen Horizont besungen?	...es hilft nichts: diesmal müssen sie ran! Der Stall muß gereinigt werden!

F. K. Waechter schafft es, mit der Schere aus einem einzigen Foto von Günter Grass neun zu seinen SPD-Wahlkampfreden passende Porträts zu machen.

1965

v. l. n. r.: September, Oktober, November und Dezember 1965

41

Bei FREDDY werden Originalzitate (kursiv) in die passende Umgebung gestellt.

F. K. Waechter führt einen Comicelefanten ins Feld: Freddy. Diesmal geht's um Moral in und vor der Dusche, und er lässt sich dabei von Originalzitaten (kursiv) berieseln.

pardon

die deutsche satirische Monatsschrift · Frankfurt am Main · D 7020 E · 4. Jahr · Nr. 7 · Juli 1965 · DM 1,50

Das gesunde Volksempfinden ist unterwegs

Bleibt sauber

Printed in Germany

Juli 1965

1966

Januar 1966

Charles de Gaulle empfängt Bundeskanzler Ludwig Erhard in Paris.
Wird ein dreister Doppelgänger die diplomatisch heikle Mission torpedieren?

44

pardon

die deutsche satirische Monatsschrift · Frankfurt am Main · D 7020 E · 5. Jahr · Nr. 2 · Februar 1966 · DM 2,-

Das süße Leben der Skihasen

Februar 1966

Im Ruhrgebiet, so erfährt Chlodwig Poth auf der ersten Station seiner Deutschen Tour, kann es schon aus nichtigen Gründen zu Konflikten kommen.

1966

v. l. n. r.: März, April, Mai und Juli 1966

Kurt Halbritter

Hilfe, die Frauen werden rar!

Englands Männer sind in Not. Sie werden bald ihre Frauen teilen müssen. Dozent Jan McLuckie von der Technischen Hochschule in Hatfield hat errechnet: Bis zum Jahre 2000 hat Großbritannien einen heiratsfähigen Männerüberschuß von 4,5 Millionen. Und der einzige Ausweg ist die Vielehe. Aber ist das Leben für die Männer dann noch lebenswert?

„Schwester, entscheiden Sie – wem von uns sieht er ähnlich?"

„... und bitten um die Hand Ihrer Tochter!"

„Dürfen wir Ihnen unsere Frau vorstellen?"

„Also gut – wer kurz zieht, hat gewonnen!"

England droht Ungemach. Es gibt zu wenige Frauen, der Männerüberschuss geht in die Millionen. Kurt Halbritter hat die Folgen auf der Insel recherchiert.

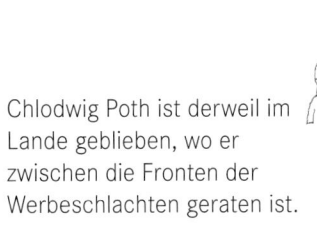

Chlodwig Poth ist derweil im Lande geblieben, wo er zwischen die Fronten der Werbeschlachten geraten ist.

Hard Selling

pardon

die deutsche satirische Monatsschrift · Frankfurt am Main · D 7020 E · 5. Jahr · Nr. 6 · Juni 1966 · DM 2,-

Symbolik in der Werbung

Ein Blick in die Praxis

1966

Juni 1966

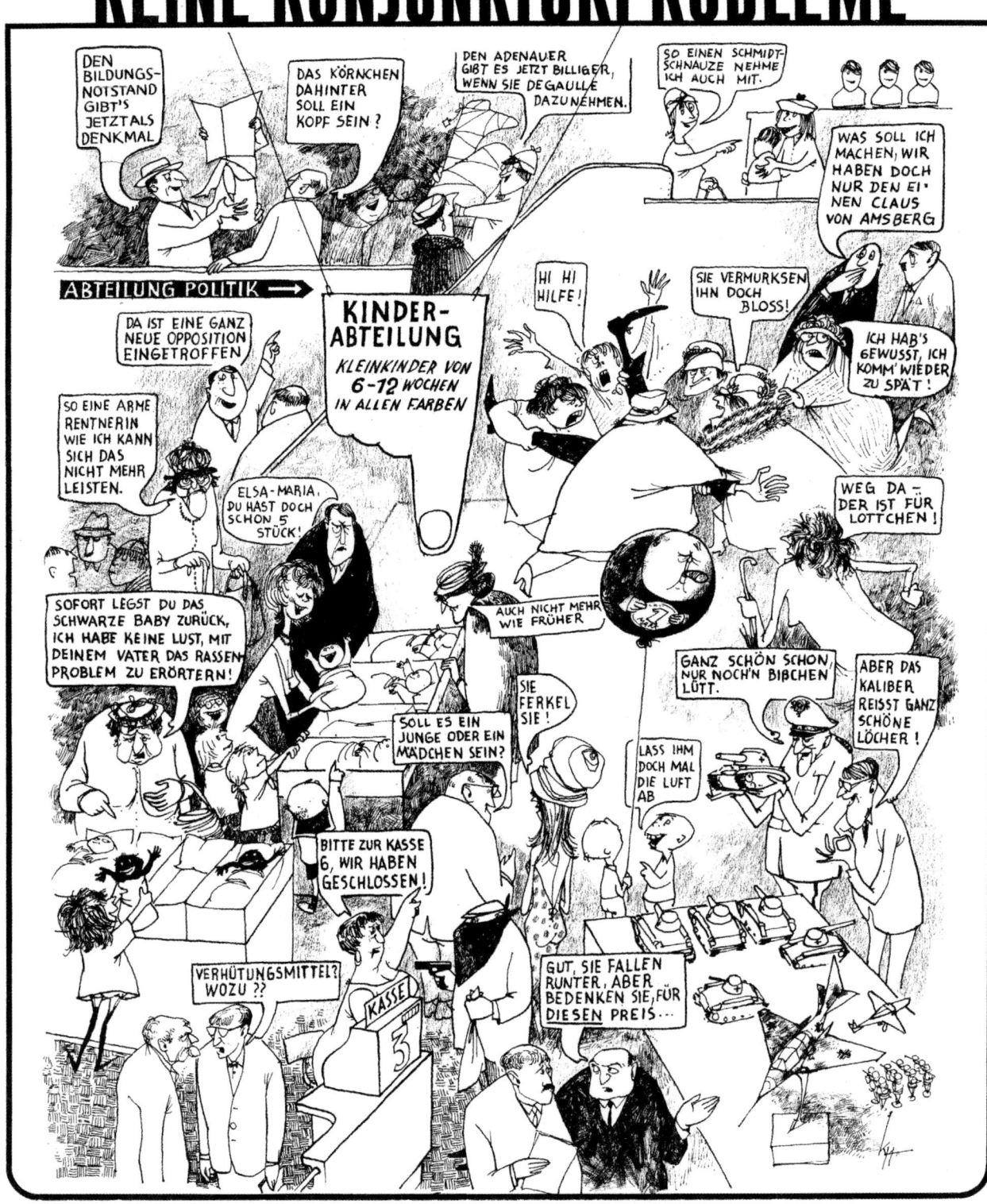

Die Konjunktur lahmt. Kurt Halbritter weiß, wie ihr auf die Sprünge zu helfen ist.

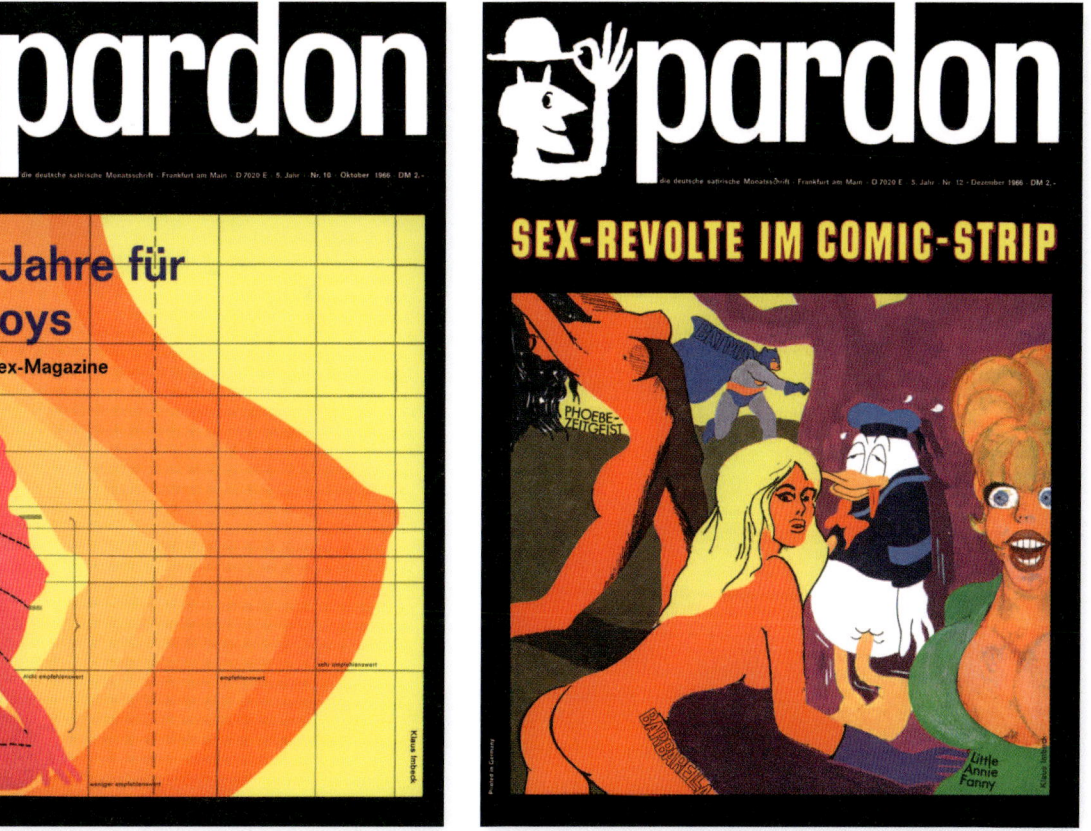

v. l. n. r.: August, September, Oktober und Dezember 1966

„Sag mal, wie viele Studienräte gibt's eigentlich schon bei der NPD...?"

Arno Ploog beobachtet Beunruhigendes bei Klassenausflügen.

„Sieh mal, der junge Kuhlmann, und das ist sonst so eine anständige Familie!"

Volker Ernsting macht sich Gedanken über Erbanlagen.

1966

pardon

die deutsche satirische Monatsschrift · Frankfurt am Main · D 7020 E · 5. Jahr · Nr. 11 · November 1966 · DM 2,–

LSD – das große Glück

Wir nahmen es – Es war verheerend

Lieben und lieben lassen

Schiller heute

F. K. Waechter

November 1962

1967

pardon

RAUSCHGIFT, RAUSCHGIFT ÜBER ALLES
Mit LSD in den Untergrund

PARDON war in New York

Februar 1967

Klaus Imbeck

Sie glaubten, es sei die Hölle

Tageszeitung brachte sensationellen LSD-Bericht – doch die Rauschgiftorgie war gestellt

„Abblasen" kommandierte Dieter Gräbner (28), Reporter der „Frankfurter Rundschau". Ein von ihm inszenierter Versuch war zunächst einmal geplatzt. Zum Aufbruch erhoben sich: „Rundschau"-Kollege Wachter mit Telefunken-Tonbandgerät, Bildberichter Weiner mit Rollei und Zubehör, Fernsehkameramann Friederich mit Lampensatz und Arriflex, sowie fünf Frankfurter Provos.
„Wie steh' ich jetzt da", klagte Gräbner bei Kollege Wachter, „jetzt kann ich mit eingekniffenem Schwanz vor den Chef vom Dienst treten . . ."

Wie gewonnen, so zerronnen

Das Reporter-Quartett Gräbner-Wachter-Weiner-Friederich wollte seinen Lesern einen dicken Hund servieren: junge Leute im LSD-Rausch auf einer Party. Daß sich in Frankfurt got vom Rauschgift-Dezernat der Kriminalpolizei: „Wir hatten bis jetzt noch keinen konkreten Fall", störte die Gräbner-Crew nicht. Reporter Gräbner: „Als guter Journalist muß man dem Zufall nachhelfen . . ."
Sie halfen nach und suchten sich als findige Journalisten bequeme Opfer: Wie Ratten für Krebs-Experimente sollten Provos für den LSD-Test herhalten.
Man bat zwei Provos zu vertraulichem Gespräch in die „Rundschau"-Redaktion, Frankfurt, Große Eschenheimer Straße 16. Für 300,- DM Handgeld ließen sich die beiden Jugendlichen zum strafbaren Stoff-Kauf überreden. Provo Gerd später zu PARDON: „Herr Gräbner gab mir 300,- DM. Dafür sollten wir LSD kaufen und dann mit einigen Mädchen

vor Kameras und Mikrofonen „auf die Reise gehen". Den Rest des Geldes könnten wir behalten. Ich mußte unterschreiben, daß ich für Bild und Tonmaterial 300,- DM erhalten habe."
Doch die unerwarteten Reichtum nutzten die Provos auf unerwartete Weise. Sie zweigten erst mal die Hälfte ab und erwarben in „Annas Men Shop" modische Hosen, Schuhe und Hemd. Die restlichen 150,- DM drückten sie dem Mädchen S. in die Hand. Sie hatte sich erboten, das gewünschte LSD herbeizuschaffen – aus München-Schwabing.

Nicht empfehlenswert

An einem Mittwoch sollte Gräbners große Stunde schlagen. Vor der geplanten Party traf man sich in einem Schnellimbiß. Sieben LSD-Versuchsobjekte fanden sich ein; Mädchen hatten sich außer der angeheuerten Rauschgift-Lieferantin für das merkwürdige Experiment nicht gewinnen lassen. Nach kurzer Zeit bereits äußerten zwei der Experimentier-Provos Bedenken; die ganze Affaire schien ihnen nachträglich doch „zu heiß". So rückte man, nun nur noch fünf Provos hoch, in die Dachwohnung in der Frankfurter Altstadt ein, in der sich die Orgie abspielen sollte.
Doch das hilfsbereite Mädchen war mit dem versprochenen „Stoff" noch nicht erschienen. Doch trafen wenig später Bildberichter Weiner und Kameramann Friederich mit Stehlampe und Tierbildern an der Wand. Ästhetischeres erhoffte er sich vom

Weiners Fotografen-Feeling bemängelte Mobiliar und Wandschmuck – eine Nieren-Tischgarnitur mit Stehlampe und Tierbildern an der Wand. Ästhetischeres erhoffte er sich vom

Mit dieser LSD-Reportage servierte die „Frankfurter Rundschau" am 17. Juni ihren Lesern das Grauen: Verwerfliches Tun junger Menschen, von allen Seiten fotografiert und dokumentiert. Denn „Rundschau"-Reporter waren, wie es in dem Bericht heißt, „als Zuschauer zu einer LSD-Party gebeten" worden. Aber die Zeitung hatte einiges unterschlagen: Nicht junge Leute baten „Rundschau"-Reporter zu einer LSD-Party, sondern „Rundschau"-Reporter baten junge Leute, LSD zu nehmen. Gegen Bezahlung. Aber der erste Versuch klappte nicht: Die jungen Leute bekamen Angst. Erst der zweite Versuch brachte Erfolg. Er reichte für diese Reportage. Doch was die „Rundschau"-Reporter für das Rauschgift LSD hielten, war harmloser Löschkarton. Weniger harmlos dagegen war das Party-Team: Die PARDON-Redaktion.

LSD: „Aber die Träume sollen ja alle stark sexuell sein?"
Provo Wolf: „Nur zu 80% habe ich gehört."
Wesentlich geschäftiger gab sich zwischen der 2. Teil des Presseaufgebotes. Unter Fernseh-Begleitschutz durchkämmten die Reporter Gräbner und Wachter Innenstadt-Lokale nach der Hauptattraktion des Abends: Nach dem LSD und dem nicht aufgetauchten Mädchen S. Gegen 20 Uhr trafen Gräbner und Wachter, ohne Mädchen S. und LSD, in der Dachwohnung ein.
Man hoffte „Die kommt schon noch", äußerte Bedenken: „Vielleicht ist sie geschnappt worden" und erwog, vorsichtig bei der Polizei zu checken. Gräbner warnte, „schlafende Hunde soll man nicht wecken" und begründete gönnerhaft: „Wir kommen nur für euch . . ." Gemeinsamer Beschluß: Warten.
Von schweigsamen Provos umgeben, vertrieb sich die Presserunde mit Fachgesprächen die Zeit.
Gegen 21.15 Uhr jedoch gingen Geduld und „Die Alte hat uns 'reingelegt. Die liegt jetzt irgendwo im Bett und dreht ein Nümmerchen . . .", verdammte Provo Gerd: „Also, du kommst morgen mit der Flunze zu mir in die Redaktion. Dann werden wir sie mal ausquetschen. Dann soll die uns mal sagen, was sie mit dem Geld gemacht hat", und hob die Warte-Runde auf.

Ich weiß etwas, was du nicht weißt

Am Vortag der mißglückten „Reise" war Provo Gerd in der PARDON-Redaktion erschienen. Sein Bericht über Dieter Gräbners merkwür-

Frankfurter Rundschau
REPORTAGE

LSD Der Fixerischie für eine sehr gefährliche Reise

Dieter Gräbner (Text)
Karl Weiner (Fotos)

Ein Reporter der „Frankfurter Rundschau" will über eine LSD-Party berichten, ganz authentisch, und er ist bereit, den Stoff zu finanzieren. Die Party verläuft so laut und verrückt wie von dem Reporter erhofft – nur ist sie gestellt von der PARDON-Redaktion, ganz ohne Drogen und zeigt, wie weit Journalisten zu gehen bereit sind. Das Gelächter über die Blamage hielt sich lange – fast so lange wie der Groll der „Rundschau"-Leute.

Januar 1967

Die PARDON-Redaktion zeigt der NPD in einer Aktion, wie moderne Werbung funktioniert. Die Satiriker marschieren auf das Nürnberger Reichsparteitagsgelände und führen als Neonazis verkleidet u. a. eine symbolische Spaghetti-Verbrennung durch, um den politischen Standort der Nationaldemokraten gegenüber Ausländern und Gastarbeitern zu visualisieren. Transparente machen der NPD beispielhaft vor, wie einprägsame Losungen zu formulieren sind: „Solln Spaghettis uns're Töchter frein? Wir Deutschen sagen dazu Nein!". In der NPD-Parteizentrale soll das Hilfsangebot von PARDON nicht mit besonderem Wohlwollen aufgenommen worden zu sein.

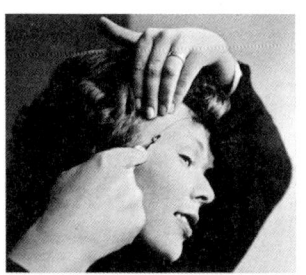

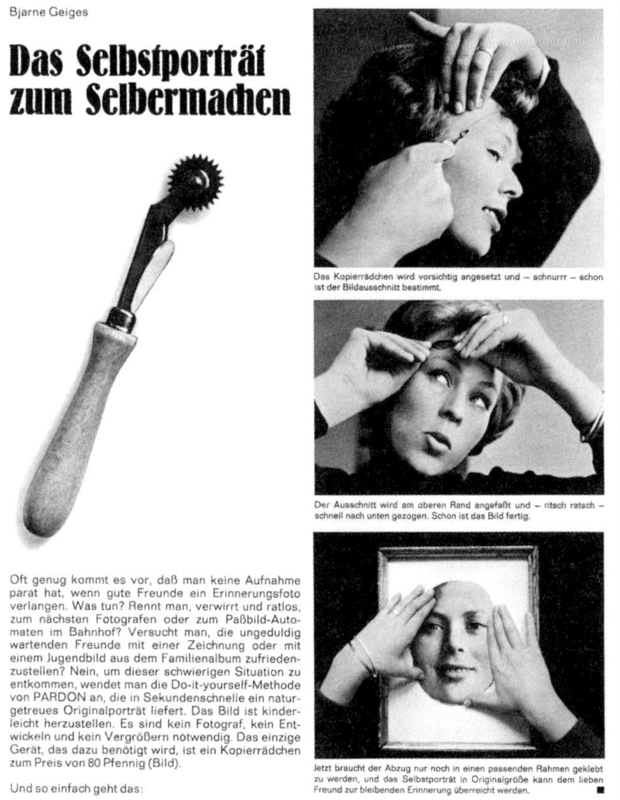

Nie um praktische Ratschläge verlegen, kann PARDON auch zeigen, wie einfach es ist, in Heimarbeit ein Selbstporträt herzustellen.

Volker Ernsting hält die Methode deutscher zwischenstaatlicher Grenzbefestigungen durchaus geeignet für den internationalen Export.

1967

v. l. n. r.: April, Mai, Juni und Juli 1967

Als angeblicher Chemiefabrikant sucht Günter Wallraff bei einer Gewissensfrage Hilfe bei katholischen Priestern und Professoren. Er gesteht ihnen, das in Vietnam eingesetzte Napalm besonders günstig herstellen zu können, wofür er einen Auftrag aus den USA bekommen habe. Sei dies für einen Christen ethisch vertretbar? Mit wenigen Ausnahmen billigen die Theologen Handel und Einsatz von Napalm: „Da brauchen Sie eigentlich keine Gewissensbisse zu haben.", „Mit dem Geld können Sie ja dann auch allerhand Gutes tun." Lediglich zwei Theologen raten ihm von dem brisanten Kriegsgeschäft ab.

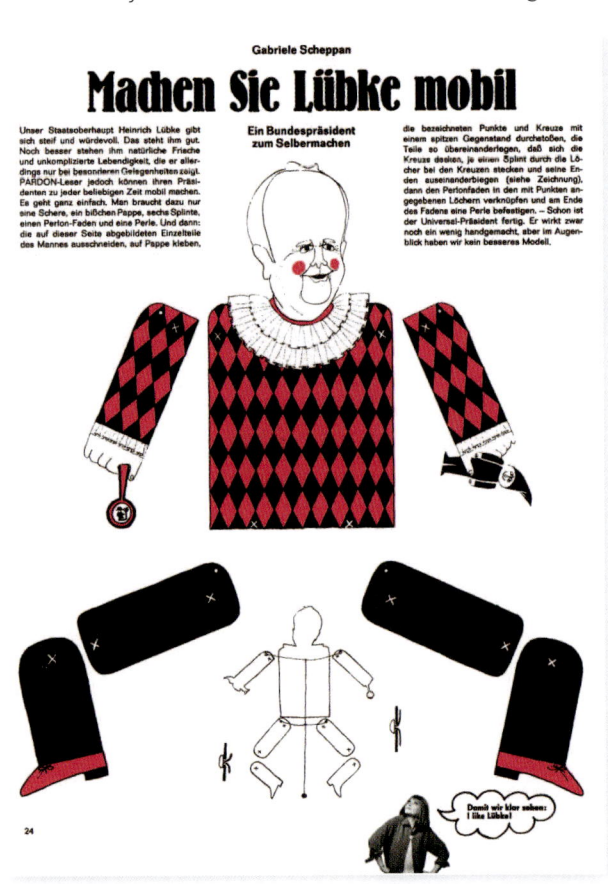

PARDON will Bundespräsident Heinrich Lübke vom Ruf der Steifheit befreien und ihm das Image der Frische und Lebendigkeit geben. Dafür hat ihm Gabriele Scheppan ein Harlekinkostüm übergezogen und präsentiert ihn als Hampelmann zum Selbermachen. Gleichzeitig versucht PARDON mit seinem Meinungsknopf „I like Lübke" – einem unter vielen – zu einem neuen Bild des Staatsoberhaupts beizutragen, dem das Blatt auch eine eigene Schallplatte gewidmet hat, auf der die unvergleichlichen Reden des Staatsoberhaupts festgehalten sind.

März 1967

Wer hat Angst vor Axel Springer?

Rudi Dutschke

Besetzt Bonn!

Was wollen die oppositionellen Studenten? Welche Veränderungen streben sie in Berlin und im Bundesgebiet an? Rudi Dutschke, ideologischer Führer des „antiautoritären Studentenlagers", entwirft hier ein Aktionsprogramm für eine Umwandlung der Gesellschaft.

Die bestehende gesellschaftliche Struktur der Bundesrepublik und West-Berlins läßt sich als ein System der Interessendemokratie charakterisieren. Die daran beteiligten Gruppen „streiten" sich nur noch um den Anteil am Bruttosozialprodukt, die irrationalen Voraussetzungen und Praktiken der staatlichen Gewaltmaschinerie und des gesamtgesellschaftlichen Lebens werden nicht zum Gegenstand der politischen Auseinandersetzung.
1918/19 erkämpften unsere Arbeiter- und Soldatenräte in der unvollendeten deutschen Revolution schon den Achtstundentag.
Heute, nach 50 Jahren schier unvorstellbarer Entfaltung der Produktivkräfte und damit der Produktivität der Arbeit, arbeiten die Lohnabhängigen lumpige 4–5 Stunden pro Woche weniger.
Seit Jahrzehnten indoktrinieren unsere „Herren an der Spitze" die Menschen mit dem Feindmythos. Die gesellschaftlich notwendige Lüge von der kommunistischen Subversionstätigkeit in den „freien" Ländern dient als Rechtfertigung, um die den Frieden gefährdende, die kapitalistische Wirtschaft aber stabilisierende Rüstungsindustrie und die Bundeswehr aufrechtzuerhalten, dient der Verhüllung der wirklichen Funktion der Notstandsgesetze: innenpolitische Strukturveränderungen a priori auszuschalten.
Seitdem jedoch der antikommunistische Feindmythos immer weniger aufrechterhalten werden kann, die Zusammenarbeit zwischen Moskau und Washington hat hierzu unter anderem beigetragen, seitdem sogar Adenauer, Barzel und andere bürokratische Charaktermasken der Sowjetunion einen „friedlichen Charakter" konzedierten, sollte die Funktion der Bundeswehr, der Freiwilligen Polizeireserve in West-Berlin, der Notstandsgesetze etc. noch klarer gesehen werden können: der Feind, gegen den täglich das ganze System mobilisiert wird, ist die reale Möglichkeit, die bestehende Ordnung abzuschaffen, ist die Möglichkeit, überflüssige Herrschaft zu beseitigen, d. h. die nur aus Herrschafts- und Profitinteressen hohe Arbeitszeit auf ein dem hohen Stand der Entwicklung der Produktivkräfte entsprechendes Minimum zu reduzieren, ist die Möglichkeit, die irrationale Rüstung, die künstliche Bürokratenzucht, die funktionale Kapital- und Güterverichtung abzuschaffen.
Am Ende des sogenannten Wirtschaftswunders fällt es unseren bürokratischen Oligarchien immer schwerer, diese aktuelle Möglichkeit der Befreiung vollständig aus der „Öffentlichkeit" zu verdrängen.
Durch Konzessionen wie Erhöhung des Arbeitslosengeldes, durch Schillersche Reime über die kommende Konjunktur, durch gelenkte Krisenpsychose, durch circensisch inszenierte Schauspiele wie Staatsbesuche und Trauerfeierlichkeiten werden die Massen noch bei der Stange gehalten.
Hinzu kommt, daß es dem System gelungen ist, durch langjährige funktionale Manipulation die Menschen auf die Reaktionsweise von Lurchen zu regredieren. Wie Pawlowsche Hunde reagieren sie auf die Signale der Mächtigen; in jedem vierten Jahr dürfen sie den Nachweis ihrer geistigen Reduziertheit und Unmündigkeit ablegen. Nur wenige, besonders die privilegierten Studenten, haben eine Chance, die subtilen Herrschaftsmechanismen zu durchschauen, an ihrer Beseitigung zu arbeiten.
Die wesentlichen Träger der Manipulation und Anpassung der Menschen sind die Massenmedien, Zeitungen, Rundfunk und Fernsehen. In der Bundesrepublik und besonders in West-Berlin beherrscht der Springer-Konzern die Massenzeitungen, die noch immer bedeutendste Indoktrinierungsebene. Der Konzern entfaltet seit langer Zeit im Interesse der bestehenden Ordnung eine planmäßige Verhetzung aller

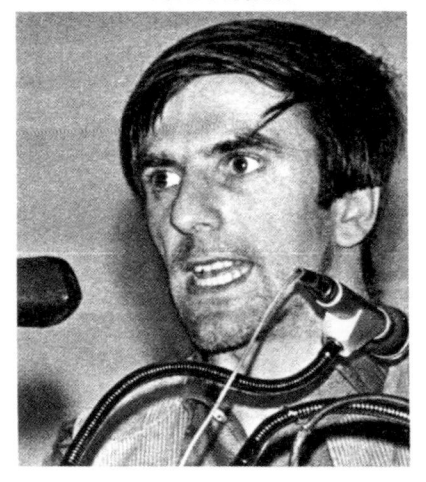

Kräfte, die das Freund-Feind-Schema der Meinungsmacher nicht akzeptieren wollen!
Infolge der Politisierung einer relativ breiten studentischen Minderheit (4000 bis 6000 im antiautoritären Lager) ist in West-Berlin eine für das System bedrohliche Situation entstanden: durch die Vereinigung von Teilen der Lohnabhängigen in den Fabriken mit diesem Lager innerhalb der Studentenschaft könnte der Senat, genauer die gesellschaftliche Struktur „gekippt" (Albertz) werden.
Der Prozeß der Vereinigung von studentischer und außeruniversitärer Opposition muß in der Spannung von Aufklärung und Aktion geschehen.
Haupthindernis ist die Tyrannei der Manipulation und ihrer Produzenten. Diese Beherrschung muß durchbrochen werden – wenn auch vorerst nur für einen oder mehrere Tage.
Wir werden in einem Pressetribunal den empirischen Nachweis führen, daß die Volksverhetzung und Entmündigung des Menschen durch Manipulation bei uns die Ergänzung zum Völkermord in Vietnam, zur gewaltsamen Niederschlagung aller sozialrevolutionären Bewegungen in der Dritten Welt darstellt.
Dann haben wir das Recht und die Pflicht, die antidemokratische Tätigkeit der Manipulateure direkt anzugreifen! – Oder werden vielleicht unsere „Repräsentanten" dieses „Geschäft" erledigen, progressiven Selbstmord begehen?

Wir werden uns darauf nicht verlassen. Durch „betriebsnahe Bildungsarbeit", durch direkte Lohnarbeit von oppositionellen Studenten in Betrieben, durch gemeinsame Großveranstaltungen zwischen bestimmten Industriegewerkschaften und studentischer Opposition wird die faktische Entfremdung zwischen Lohnabhängigen und Studenten nicht überwunden, aber als Gefahr für beide Seiten möglicherweise begriffen werden.
Die hoffentlich „freiwillige" Stillegung der Springerschen Rotationsmaschinen würde einen historisch einzigartigen Modellfall abgeben: Wie werden „demokratische Urzeitungen", von der Opposition gegen das System finanziert und publiziert, von den Massen aufgenommen werden?
Der tägliche Gang zum „Bild"- oder „BZ"-Kiosk gehört zur Lebensweise des verwalteten Individuums. Was wird es tun, wenn die Zeitungen nicht vorhanden sind? Wird es gewaltsam gegen uns reagieren, weil wir ein wichtiges Moment seines Lebens gefährden? Oder wird es in eine „traumatische Leere" (Marcuse) fallen, sich anfangen zu wundern, eine Welt jenseits der bestehenden denken lernen können?
Die Parole der Enteignung des Springer-Konzerns wird nur dann gesellschaftlich wichtig, wenn es gelingt, breite Teile der Lohnabhängigen und den antiautoritären Teils der Studentenschaft organisatorisch und politisch in Aktionen zu vereinigen. Das ist die Aufgabe der ganzen vor uns liegenden Periode, ist nicht kurzfristiges Resultat.
Dazu gehören auch direkte Aktionen gegen die Notstandsgesetze. Diskutierende Kongresse und konzessionierte Demonstrationen in politisch-strategisch unwichtigen Städten bringen uns keinen Schritt weiter.
Am Tage der zweiten Lesung der Notstandsgesetze sollte Bonn eine „Besetzung" durch Notstandsgegner erleben! Ein „Go-In" des bewußtesten Teils der Bevölkerung ins Parlament brächte vielleicht für Stunden real-demokratischen Geist in die formalisierte und bürokratisierte Akklamationsmaschine der Regierung.
Allein solche Offensivaktionen ermöglichen es uns, weitere Minderheiten innerhalb und außerhalb der Universität gegen das System zu mobilisieren. Der theoretische Lernprozeß durch Aufklärung wird zum repressiven Konsum, wenn er den Weg zur praktischen Aktion nicht findet.
Die Aktionen gegen den Springer-Konzern und die Notstandsgesetze treffen zentrale Nervenpunkte der bestehenden Herrschaftsordnung: die funktionale Beherrschung der Menschen durch Manipulation und angedrohte (potentielle) direkte Repression.
An ihnen kann die Irrationalität und Unmenschlichkeit des Systems nachgewiesen werden. Die kritische Vernunft und das emanzipatorische Interesse der radikalen Opposition haben sich in diesen Aktionen zu bewähren. Die Enteignung des Springer-Konzerns unter den bestehenden gesellschaftlichen Bedingungen scheint uns weder wahrscheinlich noch besonders „fortschrittlich" zu sein, es sei denn, daß wir die „Verbesserung der Gefängniszellen" als geschichtlichen Fortschritt begriffen.
So bleibt die Voraussetzung einer befreienden Vergesellschaftung der wichtigsten Bereiche des gesellschaftlichen Lebens die durch Aufklärung und Aktionen gegen das System vermittelte tendenzielle Loslösung der Lohnabhängigen vom staatlich-gesellschaftlichen Apparat. Durch die Aktionen gegen den Springer-Konzern und gegen die Notstandsgesetze werden wir diesem Ziel sehr viel näher gekommen sein.
Denn die Befreiung der Lohnabhängigen kann nur durch ihre praktisch-umwälzende Bewußtwerdung geschehen, nicht durch eine Partei, eine Bürokratie oder durch ein Parlament.

Rudi Dutschke gilt den Konservativen als Vaterlandsverräter und Revolutionär, der die Gesellschaft radikal umkrempeln will. PARDON druckt ihn.

1967

v. l. n. r.: August, September, Oktober und November 1967

Gebt mehr Entwicklungshilfe — Farah braucht neuen Schmuck!

pardon Extrablatt

die deutsche satirische zeitschrift

August 1967

D 7020 E

50 Pf

Der Schah ist ein feines Kerlchen

PARDON widerlegt alle Verleumdungen gegen den persischen Kaiser: Er bereichert sich nicht am Heroin-Export. Seine Bodenreform ist kein Schwindel. Er verschleudert die Entwicklungshilfe nicht für unsinnigen Prunk. Er läßt seine Gegner nicht foltern.

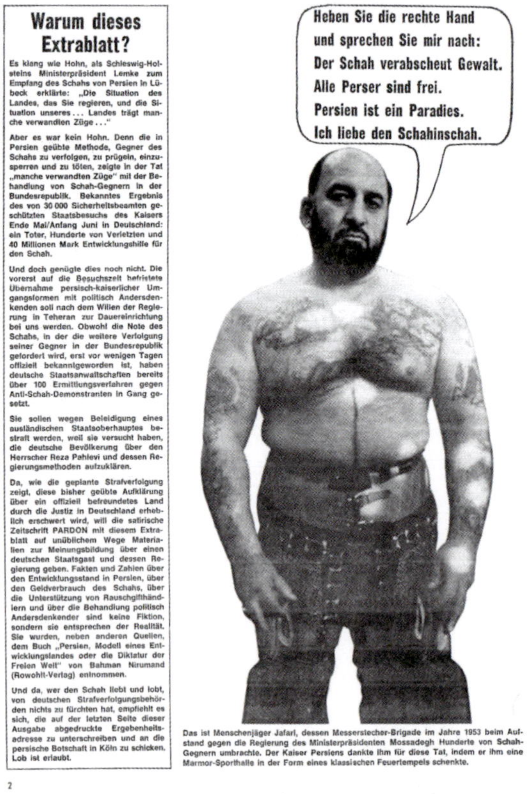

Warum dieses Extrablatt?

Es klang wie Hohn, als Schleswig-Holsteins Ministerpräsident Lemke nach Empfang des Schahs von Persien in Lübeck erklärte: „Die Situation des Landes, das ihn empfängt, und Situation unseres ... Landes trägt manche verwandten Züge ..."

Aber es war kein Hohn. Denn die in Persien geübte Methode, Gegner des Schahs zu verfolgen, zu prügeln, einzusperren und zu töten, zeigte in der Tat „manche verwandten Züge" mit der Behandlung von Schah-Gegnern in der Bundesrepublik. Bekanntes Ergebnis des von den 30 000 Sicherheitsbeamten geschützten Staatsbesuchs Ende Mai/Anfang Juni in Deutschland: ein Toter, Hunderte von Verletzten und 40 Millionen Mark Entwicklungshilfe für den Schah.

Und doch genügte dies noch nicht. Die vorerst auf die Besuchszeit befristete Übernahme persisch-kaiserlicher Umgangsformen mit politisch Andersdenkenden soll nach dem Willen der Regierung in Teheran zur Dauereinrichtung bei uns werden. Obwohl die Note an den Schah, in der die weitere Verfolgung seiner Gegner in der Bundesrepublik gefordert wird, erst vor wenigen Tagen offiziell bekanntgeworden ist, haben deutsche Staatsanwaltschaften bereits über 100 Ermittlungsverfahren gegen Anti-Schah-Demonstranten in Gang gesetzt.

Sie sollen wegen Beleidigung eines ausländischen Staatsoberhauptes bestraft werden, weil sie versucht haben, die deutsche Bevölkerung über den Herrscher Reza Pahlewi und dessen Regierungsmethoden aufzuklären.

Da, wie die geplante Strafverfolgung zeigt, diese bisher geübte Aufklärung über ein offiziell befreundetes Land durch die Justiz in Deutschland erheblich erschwert wird, hat die satirische Zeitschrift PARDON mit diesem Extrablatt auf unübliche Wege Meinungsbildung über den deutschen Staatsgast und dessen Regierung geben. Fakten und Zahlen über den Entwicklungsstand in Persien, über den Geldverbrauch des Schahs, über die Unterstützung von Rauschgifthändlern und über die Behandlung politisch Andersdenkender sind keine Fiktion, sondern sie entsprechen der Realität. Sie wurden, neben anderen Quellen, dem Buch „Persien, Modell eines Entwicklungslandes oder die Diktatur der Freien Welt" von Bahman Nirumand (Rowohlt-Verlag) entnommen.

Und da, wer den Schah liebt und lobt, von deutschen Strafverfolgungsbehörden nichts zu fürchten hat, empfiehlt es sich, die auf der letzten Seite dieser Ausgabe abgedruckte Ergebenheitsadresse zu unterschreiben und an die persische Botschaft in Köln zu schicken. Lob ist erlaubt.

> Heben Sie die rechte Hand und sprechen Sie mir nach:
> Der Schah verabscheut Gewalt.
> Alle Perser sind frei.
> Persien ist ein Paradies.
> Ich liebe den Schahinschah.

Das ist Menschenjäger Jafari, dessen Messerstecher-Brigade im Jahre 1953 beim Aufstand gegen die Regierung des Ministerpräsidenten Mossadegh Hunderte von Schah-Gegnern umbrachte. Der Kaiser Persiens dankte ihm für diese Tat, indem er ihm eine Marmor-Sporthalle in der Form eines klassischen Feuertempels schenkte.

> SELBSTVERSTÄNDLICH GIBT ES BEI UNS OPPOSITIONELLE POLITIKER.

> ABER MAN MUSS SCHON VOR IHNEN AUF DER HUT SEIN.

Kaiser-Manöver

PARDON reinigt den Schah

Den Schah mit Lob beleidigt? PARDON-Extrablatt vor dem Staatsanwalt.

Text: Walter Tecklenburg

Das Image des Schahs wird in aller Öffentlichkeit in der Wanne gereinigt.

Der Perserschah hatte gerechterweise verlangt, jene ruchlosen Elemente strafrechtlich zu verfolgen, die sich unterstanden hatten, ihr Mißfallen über den hohen Besucher auszudrücken. Doch unter der deutschen Bevölkerung hat diese Ansinnen Befremden ausgelöst. Sie scheint monarchischen Gepflogenheiten trotz allem schon ziemlich entfremdet zu sein.

Das überdies aus dem nichtigen Anlaß eines Badewannen-Kaufs ziemlich ladierte Prestige eines befreundeten Staatsoberhauptes zu retten, hatte PARDON ein Extrablatt mit der Titelzeile „Der Schah ist ein feines Kerlchen" herausgegeben und darin erklärte: „Er bereichert sich nicht am Heroin-Export. Seine Bodenreform ist kein Schwindel. Er verschleudert die Entwicklungshilfe nicht für unsinnigen Prunk. Er läßt seine Gegner nicht foltern."

Dennoch Mißverständnisse und das loberahmdeten Extrablatt vorauseilend, hatte die Redaktion nach hitziger Debatte beschlossen, eine Aktion durchzuführen, die sämtliche Zweifel an unserer Gesinnung beseitigen sollte: durch eine demonstrative Schah-Wäsche in mitten der Frankfurter Innenstadt sollte aller Welt bewiesen werden, wieviel gerade uns an einem gereinigten Image des Herrn Reza Pahlewi liegt. Redakteur Gerhard Kromsdorfer und Redaktionssekretärin Birgt Wischrowski im Bikini, täuschend ähnlich als Doubles für den Schah und seine Schahbanu Farah Diba hergerichtet, waren gehalten, hinter der Katharinenkirche in Frankfurt kunstvoll geschnitzte Wannen zu besteigen. Da uns allerdings nicht einmal die Mindestsumme von 100 000 DM zum Kauf originalgetreuer Kristallbadewannen zur Verfügung stand, mußten in aller Eile zwei Zinkwännchen erstanden und mit kaiserlichen Emblemen geschmückt werden. Auch ein würdiger Kopfschmuck für das Herrscherpaar

zu beschaffen. Als schließlich die Hofrequisiten komplett waren und sich sämtliche verfügbaren PARDON-Mitarbeiter anschickten, einen Hauch von Teheraner Großzügigkeit in Frankfurts Innenstadt zu verbreiten, sprach der Himmel ein Machtwort: ein Sturm, der als Vorbote der „Frankfurter Rundschau" in der überwältigenden Zeile „Frankfurt bebte unter der Faust des Orkans" inspirierte, fegte die Schah-Utensilien hinweg und trieb die intern Hoheiten und ihre Helfershelfer schutzsuchend in die Räume der Frankfurter „Bücher-Börse".

So beschloß man, das Kaiser-Manöver zu vertagen: am 3. August, pünktlich um 12.30 Uhr, sollte es definitiv stattfinden.

Zu einigem Erstaunen gab an diesem Tag der Meldung der FAZ Anlaß. Bevor noch unser Imitations-Schah und seine Gattin Gelegenheit fanden, sich öffentlich reinzuwaschen, berichtete die würdevolle Bürger-Postille in kaustisch-köstlichem Stil von der geplanten Schah-Wäsche. Zwar stimmte nicht alles, was da dem Leser in genüßlich parodierten Hof-Jargon mitgeteilt wurde („Zwei bitter-lustige Persiflanten", ein Redakteur und eine Redakteurin von PARDON, hoben auf Seiner Statt das Bein über die Wannenrand"), doch die jäh erwachte Anteilnahme der FAZ an politischer Opposition ließ uns verzeihen. Die „Frankfurter Rundschau" indes hüllte sich in eisiges Schweigen. Weshalb, konnten wir nur ahnen.

Die Pahlewi-Waschung aber vollzog sich schließlich in würdigem Rahmen: mit generalstabsmäßiger Präzision wurden die einzelnen Punkte des Programms festgesetzt.

Die kaiserlichen Wannen wurden von dienstbeflissenen Lakaien mit Wasser und Schaum gefüllt, die Hoheiten wechselseitig züchtig, den Blicken des Publikums verborgen, ihr Gewandung und bestiegen die auf schwarz verhülltem Katafalk thronenden Badegelegenheiten. Im reinigenden Naß planschend, zog das

Paar die Aufmerksamkeit von über 2000 Frankfurtern auf sich.

Derweil bemühten sich die auf Schah-Würden erhobenen Mitglieder der Redaktion, einen Hauch von Teheraner Großzügigkeit das Extrablatt unters Volk zu bringen, das hochsommerlichen Hitze zum Trotz mit den schwarzen Melonen des PARDON-Teufels versehen, demonstrierten ihre marktschreierische Fähigkeiten.

Die Reaktion der Presse auf diesen erstmals unternommenen Versuch, ein Staatsoberhaupt in aller Öffentlichkeit reinzuwaschen, beweis uns, daß mit mannhaftem Eintreten für den Schah auf dem rechten Weg wandelten: die meisten Blätter äußerten sich positiv über das Ereignis. So berichtete die FAZ auch diesmal in feinsinnigen Wendungen.

„Nach einer halben Stunde wurde es den gekrönten Häuptern kalt, und sie entstiegen dem Bade, den Katafalk als eine Stufe nehmend."

Die Frankfurter „Neue Presse" wollte dem FAZ-Hofstil nicht nachstehen:

„Gekrönten Hauptes und leicht geschürzt planschten sie in der goldumrandeten Zinkbadewanne ..."

Die „Abendpost/Nachtausgabe" schließlich veröffentlichte am 4. August unter dem Titel „Den Schah gebadet ..." ein „60-Sekunden-Interview" mit dem Geschäftsführenden Redakteur Hagen Rudolph.

Bis nach Nürnberg und Zürich drang die Kunde vom gesäuberten Schah; die „Nürnberger Nachrichten" und der Zürcher „Tages-Anzeiger" verhehlten ihren Lesern die Frohbotschaft nicht. Das „Handelsblatt" schließlich führte die kämpferische Schlagzeile des PARDON-Extrablattes — „Der Schah ist ein feines Kerlchen" — in der Ausgabe vom 7. August unter „Zitate" auf — wer könnte in Anbetracht dieses Echos noch guten Gewissens behaupten, PARDON hätte nichts unternommen, um die Ehre des Schahinschahs hochzuhalten?

Dennoch sollte es sich zeigen, daß auch

Der Schah von Persien auf Staatsbesuch in Deutschland. 30 000 Sicherheitsbeamte, Hunderte Verletzte, Benno Ohnesorg wird ermordet. Kaum fordert der Schah die exemplarische Bestrafung der Anti-Schah-Demonstranten sind hundert Ermittlungsverfahren eingeleitet. Der PARDON-Redaktion scheint eine Ergebenheitsadresse an Reza Pahlewi angebracht. Und so entsteht das Extrablatt „Der Schah ist ein feines Kerlchen". Detailliert werden sämtliche Verbrechen seiner Majestät am persischen Volk aufgeführt, versehen mit dem Hinweis, dass diese „ganz gewiss nicht zutreffen".

Parallel dazu erleben 2 000 Zuschauer an der Frankfurter Hauptwache eine Reinwaschaktion mit ganz eigenem Reiz: In einer Zinkwanne drapiert, reinigen sich zwei PARDON-Redaktionsmitglieder stellvertretend für den Schah von jeder Schuld und allen Sünden, so dass man sagen kann: „Der Schah ist ein feines Kerlchen".

Dezember 1967

1968

Mit besonderer Hingabe widmet sich PARDON weiterhin Bundespräsident Heinrich Lübke. Die Liebe zu ihrem Staatsoberhaupt bewährt sich jedoch erst in der Stunde seiner größten Not. Als Nestbeschmutzer verbreiten, Lübke sei im Dritten Reich gar kein Widerstandskämpfer, sondern Miterbauer von Konzentrationslagern gewesen, stellen sich ihm PARDON-Redakteure mannhaft zur Seite. Vor der Frankfurter Paulskirche huldigen sie ihm mit einem lebensgroßen Denkmal, das ihn zeigt, während er ein Hakenkreuz zerbricht. Leider wird die Feierstunde unterbrochen, als Polizisten herbeihasten, den Bundespräsidenten stürzen und das Gipsdenkmal unter dem Gelächter der Zuschauer davonschleppen.

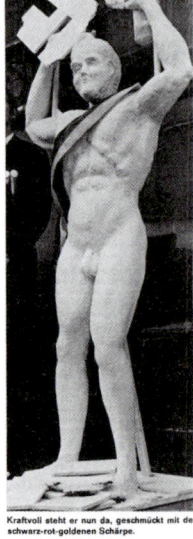

Februar 1968

Januar 1968

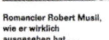

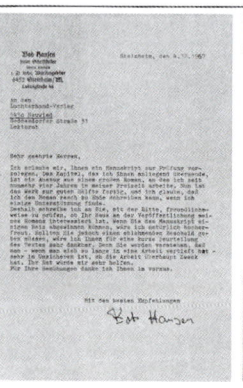

Bob Hansen blamiert die Verlagswelt. Und wie? Autor Hansen, eine Erfindung der PARDON-Redaktion, schickt acht maschinengetippte Seiten aus Robert Musils hoch gelobtem Werk „Der Mann ohne Eigenschaften" unter eigenem Namen an mehr als dreißig Verlagsleiter, Germanisten und andere Menschen vom Fach. Seine Bitte: die Prüfung des literarischen Erstlings auf Verlegbarkeit. Das Ergebnis: niederschmetternd. Alle lehnen ab, selbst der Musil-Hausverlag Rowohlt schätzt die Publikationschancen in seinem „spezifisch literarischen Programm" als sehr gering ein. Die Frage bleibt: Wie kompetent sind Lektoren bei der Beurteilung literarischer Texte?

Die Jugend revoltiert. Aber sie konsumiert auch. Die Werbebranche ist deshalb nicht faul, diese Zielgruppe weiter zu ködern, allerdings unter Verwendung von Klischees, die als aufmüpfig gelten und nach Protest aussehen. So kann es passieren, dass sich auf einem Anzeigenfoto eine Demonstration zusammenrottet, um den Kauf von Bosch-Kühlschränken zu fordern.

1968

v. l. n. r.: März, April, Mai und Juni 1968

Axel Cäsar Springer ist ein übermächtiger Zeitungsverleger. Die „Bild-Zeitung" ist sein Hetzblatt. Immer wieder geht es gegen die aufbegehrenden Studenten vor, verbreitet Falschmeldungen über die Gewaltbereitschaft der jungen Protestler. Die Saat geht auf, Rudi Dutschke wird von einem Attentäter angeschossen. PARDON veröffentlicht daraufhin ein zwölfseitiges boulevardhaft aussehendes „Extra-Blatt" und beweist, wie der Konzern manipuliert und eine aufgebrachte Stimmung gegen Studierende orchestriert. 140 000 Exemplare an die Kioske zu bringen, erweist sich als Herausforderung: Drei Großdruckereien weigern sich, die Sonderausgabe herzustellen und zahlreiche Verkaufsstellen, es auszulegen – aus Angst vor Springers Repressalien.

1968

pardon

die deutsche satirische Monatsschrift · 7. Jahr · Nr. 9 · September 1968

Die Pille enthemmt – nehmen Sie sie!

Rudolf Krämer-Badoni:
Ich glaube an den heiligen Geist der Revolution

„Mein Kampf" ist wieder da

Erinnerungen an eine grosse Zeit

Exklusiv in PARDON:
Die Schubladen-Anzeigen aus Bonn

September 1968

„Mein Kampf" ist wieder da

Also schrieb der Führer:

„Das Deutsche Reich soll als Staat alle Deutschen umschließen mit der Aufgabe, aus diesem Volk die wertvollsten Bestände an rassischen Urelementen nicht nur zu sammeln und zu erhalten, sondern langsam und sicher zur beherrschenden Stellung emporzuführen." (Adolf Hitler: „Mein Kampf", Seite 439)

„Hätte man zu Kriegsbeginn und während des Krieges einmal zwölf- oder fünfzehntausend dieser hebräischen Volksverderber so unter Giftgas gehalten, wie Hunderttausende unserer allerbesten deutschen Arbeiter aus allen Schichten und Berufen es im Felde erdulden mußten, dann wäre das Millionenopfer der Front nicht vergeblich gewesen. Im Gegenteil: Zwölftausend Schurken zur rechten Zeit beseitigt, hätte vielleicht einer Million ordentlicher, für die Zukunft wertvoller Deutschen das Leben gerettet." (772)

*

„Die innige Vermählung von Nationalismus und sozialem Gerechtigkeitssinn ist schon in das junge Herz hineinzupflanzen. Dann wird dereinst ein Volk von Staatsbürgern erstehen, miteinander verbunden und zusammengeschmiedet durch eine gemeinsame Liebe und

---

Kurt Halbritter
Erinnerungen an eine große Zeit

Aus allen Fenstern hingen Hakenkreuzfahnen. Man übte Marschschritt und Deutschen Gruß. In den Bücherschränken durfte „Mein Kampf" nicht fehlen, und Deutsche kümmerten sich nicht um das Schicksal ihrer Nachbarn, die bei Nacht und Nebel verschwanden, sie verkrochen sich hinter gleichgeschalteten Zeitungen, hörten Sondermeldungen und schickten ihre Söhne zum vormilitärischen Unterricht. Sie mordeten, priesen den Heldentod und ernteten Eiserne Kreuze, Flucht, Bomben, Hunger.
Doch in der Erinnerung von heute sieht alles ganz anders aus. Der kleine Mann am Stammtisch der Ewiggestrigen kramt in den Erlebnissen jener Zeit, und im Nebeldunst von Bier und Zigarren verzerren sich die Bilder der Schuld zu selbstgerechter Erkenntnis: Es ist ja alles gar nicht so schlimm gewesen.
Konkrete Forschungsergebnisse des Faches „Neuere Geschichte" erfreuen sich zwar erstaunlicher Beliebtheit. Und gerade jetzt verfolgt die deutsche Öffentlichkeit mit atemloser Spannung die Diskussion um die Frage, ob der Führer sich denn nun per Kopfschuß oder Gifteinnahme ins wohlverdiente Jenseits befördert habe. – Doch all die unzähligen Bücher, die nach Kriegsende über das Tausendjährige Reich geschrieben worden sind, haben die Erinnerungen der Zeitgenossen nicht frisch und echt erhalten und der jungen Generation nur ein abstraktes, zu historischen Fakten geronnenes und kaum nachvollziehbares Bild vermitteln können. Wo die Erinnerung einzelner zur Autobiographie geworden ist, erschreckt zwar das individuelle Schicksal, aber zur notwendigen Verallgemeinerung reicht die Vorstellungskraft des Lesers von heute nicht aus.
Kurt Halbritter, Jahrgang 1924, hat während des Dritten Reiches Ideologie und kleinbürgerliche Mentalität seiner Volksgenossen genau kennengelernt und seine Erfahrungen in Zeichnungen umgesetzt. Und in der Gegenüberstellung dieses gezeichneten Alltags mit Kernsätzen aus der NS-Bibel „Mein Kampf" wird die Atmosphäre im Hitler-Deutschland plötzlich nachvollziehbar. Geradezu authentisch entsteht der Alltag von 1933 bis 1945, in dem nicht die Führergestalten, vor denen nach Karl Kraus die Satire versagt, sondern der Milchmann an der Ecke, der Buchhalter von nebenan, die Frau von gegenüber das große Wort führen.
Und da Halbritter schon im Ansatz auf alle lauten Effekte der Karikatur verzichtet, sind seine Zeichnungen nicht Parodie, sondern Paraphrase, die zwei Bewußtseinsebenen durchdringt: Das Dritte Reich und die Bundesrepublik. Züge der einen werden in der anderen nachgewiesen, Kontinuitäten werden sichtbar gemacht. So sind die ganz konkreten Ziele dieser Blätter, die demnächst auch als Buch erscheinen (Kurt Halbritter: „Adolf Hitlers Mein Kampf, gezeichnete Erinnerungen an eine große Zeit"), nicht nur die Deutschen von damals, sondern gerade die Deutschen und ihre Gesellschaft von heute.

„Endlich kommt einer, der ausspricht, was wir alle fühlen und denken."

„Leider sagen heute noch viele: Die Juden sind auch Geschöpfe Gottes, darum müßt ihr sie auch achten. Wir aber sagen: Ungeziefer sind auch Tiere und trotzdem vernichten wir es." („Der Stürmer", Januar 1935)

„Nein, ich hänge sie auch hinaus. Man muß ja nicht gleich zeigen, daß man was gegen diese Leute hat."

„Ich glaube nicht, daß unser Herrgott etwas gegen den deutschen Gruß einzuwenden hat."

Der Titel ist programmatisch: „Mein Kampf". Aber es ist Kurt Halbritters ganz eigene Version, mit der er zeichnerisch den Ursprüngen der Naziherrschaft nachforscht. Dabei wird er im kleinbürgerlichen Milieu fündig, das sich als besonders anfällig erwies für die Ideologie Hitlers.

1968

v. l. n. r.: Juli, August, Oktober und Dezember 1968

71

Neben Franz Josef Strauß und dem Volkswartbund erweist sich die treue Bad Godesberger „Bundesprüfstelle für jugendgefährdende Schriften" über viele Jahr als besonders klage- und indizierungsfreudig. Begleitet von der Kamera Werner Stahls, übernimmt PARDN-Mitarbeiterin „Anita" die Verteidigung der Redaktion.

1968

pardon

die deutsche satirische Monatsschrift · 7. Jahr · Nr. 11 · November 1968 DM 2,— D 7020 E

Machen Sie mit! Testen Sie Sex-Filme!

Die Sittenwächter schießen scharf
PARDON schießt zurück!

Report:
PARDON war Wahlhelfer bei der NPD

Foto: Werner Stahl

November 1968

1969

Februar 1969

Kurt Halbritter

Hexen der Neuzeit

Die Pille, Ausdruck zügelloser Lust, wird von der Kirche weiterhin verdammt. Kurt Halbritter hat festgehalten, was mit Frauen passiert, die sich nicht an die Lehrmeinung halten.

1969

pardon

die deutsche satirische Monatsschrift · D 7020 E · 8. Jahr · Nr. 1 · Januar 1969 · DM 2.– · öS 15.– · sFr. 2.50

TROTZ ZENSUR
Neueste
Cartoons aus der ČSSR

Alle locken mit nackten Mädchen
Wir diesmal nicht!

Januar 1969

F.-K. Waechter

BITTERES LOS

F. K. Waechter hat beobachtet, wie lästige Routine die Freude am Beruf verleiden kann.

1969

v. l. n. r.: März, April, Mai und Juni 1969

In Agadir geht's ab, da gibt's im „Club Méditerranée" freie Liebe en gros – schreibt zumindest der „Stern".
Alice Schwarzer und Robert Gernhardt fahren zur Liebesrecherche nach Marokko und machen die Probe aufs Exempel.
Udo Jürgens ist auch dabei.

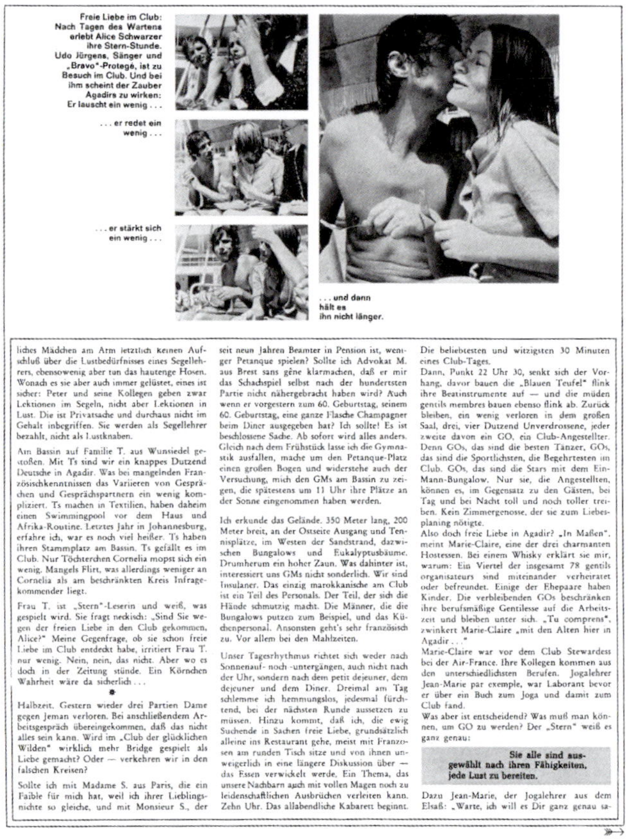

„Schwellkörper, bitte melden!" Trotz einer Flut von Aufklärungsliteratur muss PARDON feststellen, dass bei den Deutschen auf erotischem Gebiet erheblicher Nachholbedarf besteht. Das WimS-Team Bernstein, Gernhardt, Waechter schließt die Lücke mit ihrem tönenden Sexualreport „Im Wunderland der Triebe".

pardon

die deutsche satirische Monatsschrift · 8. Jahr · Nr. 7 · Juli 1969 · DM 2.– · öS 15.– · sFr 2.50   D 7020 E

Macht uns das Fernsehen blind?

PARDON testet Serien

›Bonanza‹ ›FBI‹ ›Daktari‹ ›High Chaparral‹ unter dem Skalpell

Juli 1969

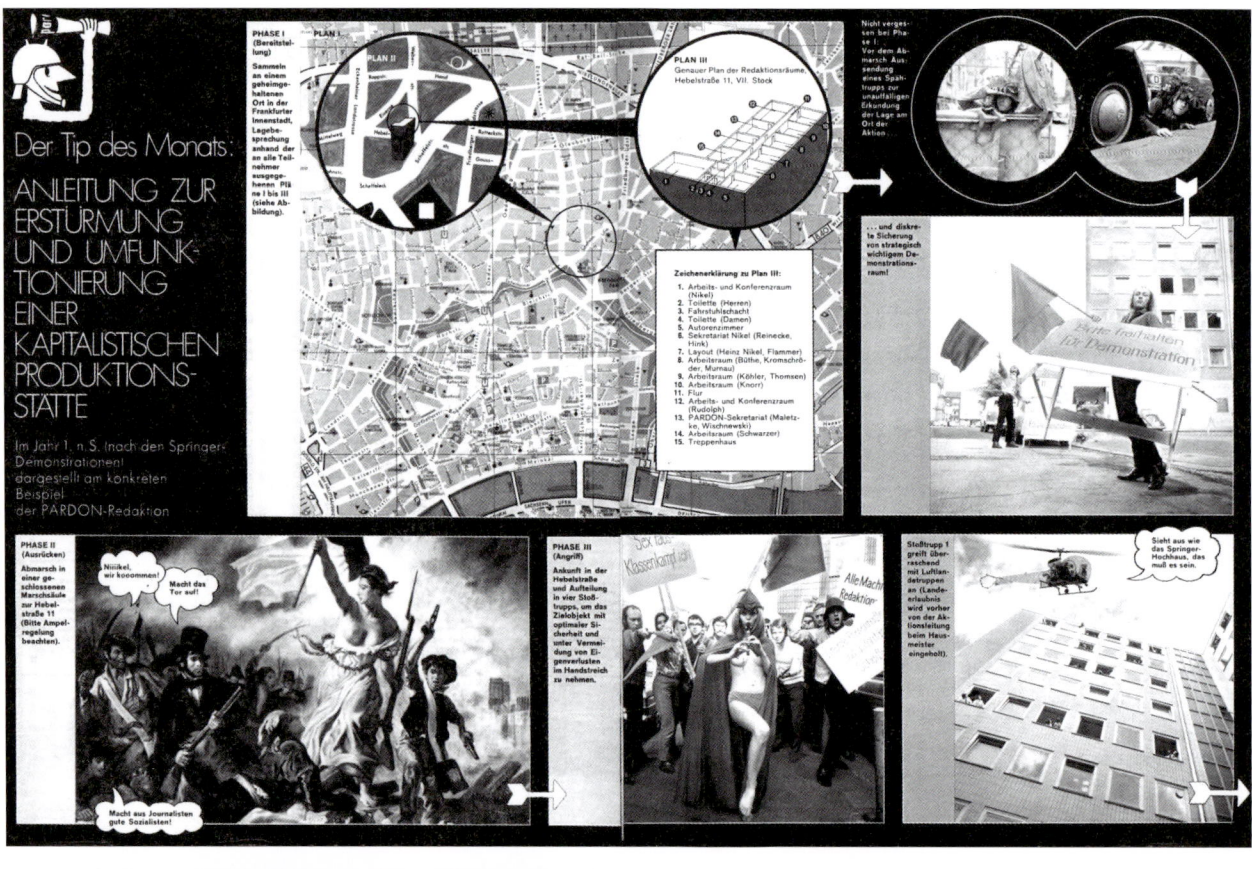

Demonstrationen allerorten. Kampf dem Kapitalismus. Enteignet Springer. PARDON zeigt, wie das System geknackt werden kann und gibt am Beispiel einer Revolte im eigenen Haus praktische Tipps.

v. l. n. r.: August, September, Oktober und November 1969

Die Notstandsgesetze sind verabschiedet, da arbeiten CDU/CSU und SPD bereits gemeinsam an einem Gesetzentwurf, durch den Verdächtige aller Art in Vorbeugehaft genommen werden können. PARDON erinnert das fatal an die Schutzhaft der Nazis. Um diese Parallelität zu verdeutlichen, fährt die Redaktion nach München und nimmt eine symbolische Wiedereröffnung des Konzentrationslagers Dachau vor.

Franz Josef Strauß wird nicht müde, gegen die Jugendrevolte zu hetzen, die längst auch Bayern erreicht hat. Da in der fränkischen Provinz einer von ihnen inhaftiert wurde, wollen sie dort ein »Solidaritäts-Knast-Camp« durchführen. Doch es kommt anders. Und Alice Schwarzer und Peter Knorr sind mittendrin.

pardon

die deutsche satirische Monatsschrift · 8. Jahr · Nr. 12 · Dezember 1969 · DM 2.— · öS 15.— · sfr 2.50   D 7020 E

Oswalt Kolle: Schwierigkeiten bei der Sexualaufklärung

PARDON-Report:

Rebellion in der Kirche

Sechs PARDON-Tips:

Die Weihnachtsnacht erträglich gemacht

Dezember 1969

1970

Februar 1970

Gelobt sei die Knechtschaft

Wie müde sind die deutschen Journalisten?

Wer hat da eben Pressefreiheit gerufen?

Bei dieser Aufmacher-Illustration eines Artikels über innere Pressefreiheit schafft es Kurt Halbritter, nebenbei auch auf die Konflikte zwischen PARDON-Verleger und Redaktion hinzuweisen: Der aufrecht stehende Mann mit der Sprechblase ist unschwer als Hans A. Nikel zu erkennen, und etlichen der buckelnden Journalisten hat Halbritter die Physiognomie verschiedener PARDON-Redakteure gegeben.

Januar 1970

PARDON-Merkkalender für den Monat März

Nicht vergessen: im März ist Ostern

„Kein Revolutionär verdient es, daß man ihn zum Fetisch macht."
(Che Guevara)

„Ich weiß, ich bin ein Zyniker, aber das habe ich von der Kirche gelernt."
(George Bernard Shaw)

„Tränen sind der beste Schmierstoff für die exzellenten Geschäftserfolge unserer lieben Kirchen."
(George Bernard Shaw)

esus, Auferstehung, Osterhase. PARDON nimmt sich mit einer eigenwilligen Interpretation der Ereignisse auf dem Hügel Golgatha an. Die Reaktionen lassen nicht auf sich warten. Die Innsbrucker Staatsanwaltschaft, ein aufgebrachter Düsseldorfer Apotheker und der Vorsitzende der Adenauer-Stiftung verklagen PARDON. Erfolglos. Der Hase darf hängen bleiben.

1970

v. l. n. r.: März, April, Mai und Juni 1970

Eckhard Henscheid / Dieter Nord

Wer anders liebt, soll draußen bleiben

Zwei Homos auf Wohnungssuche

„Das tut mir aber leid." „Heute ist man doch sehr liberal." „Schließlich sind Sie ja keine Kriminelle." „Der Wohnungsmarkt muß sauber bleiben."

Seit September vorigen Jahres sind sie vor dem Gesetz gleich: Homosexuelle brauchen den Kadi nicht mehr zu fürchten. Fürchten müssen sie aber nach wie vor die „normalen" unter den Bürgern. Die gesellschaftliche Ächtung droht noch immer.

Lesen Sie, was die PARDON-Redakteure Eckhard Henscheid und Dieter Nord erlebten, als sie sich als Homophilen-Pärchen auf die Suche nach einer Wohnung machten.

Zwei biedere Redakteure verwandeln sich in gesellschaftliche Outsider – so gut und schlecht das auf Anhieb eben geht. Sie kleiden sich exzentrisch ein, heißen fortan „Flamingo" und „Bärle" und üben sich im Beturteln. Sie basteln sich ein Doppelleben zurecht: Wir sind zwei wohlsituierte Fotografen, ehemals Hamburg, jetzt Frankfurt, und haben nur „unser besonderes Problem". Wir wohnen schon seit vielen Jahren zusammen und haben unsere Troubles erlebt. Wir sind seriös, haben sogar kleinbürgerliche Ansichten über unseren gesellschaftlichen Status, und wir geben uns nett und bescheiden. Wir übertreiben in der äußeren Aufmachung, wir untertreiben unsere Getto-Situation.

Und vor allem suchen wir eine Wohnung, in der wir unbehelligt leben können.

ERSTER AKT: Pressekontakte

Wie intolerant ist man heutzutage?

Wir wollen zwei verschiedene Wohnungsgesuche in den Samstagsausgaben der Tagespresse aufgeben:

„*Gesucht: 4-Zimmer-Luxus-Wohnung in ruhiger Lage von zwei eng befreundeten Herren (beide 30) in sehr guten Positionen.*"

Das andere:

„*Gesucht: luxuriöse 4-Zimmerwohnung von gutsituierter und ruhiger Familie.*" Beide Anzeigen sollen unter Chiffre erscheinen. Was würde potentielle Vermieter mehr reizen: bloße Wohlsituiertheit oder aber Doppelverdiener – mit leider sexuellem Defekt? Fein ausgesponnen, aber schon die erste Anzeige wurden wir nicht los.

Die „Frankfurter Rundschau" hat zweifellos ihren publizistischen Beitrag zur Strafrechtsreform geleistet, die die Homosexuellen jetzt vor dem Richter schützt. Aber bis in die Anzeigenabteilung ist die Liberalisierung offenbar nicht gedrungen. Am Telefon verlesen wir der zuständigen Dame den ersten Anzeigentext.

Antwort: „*Das können wir nicht bringen.*"

Warum nicht? „*Naja, das ist so komisch?*"

Wir bitten um Rücksprache mit dem Anzeigenleiter, Herrn Wagner. Der weiß schon Bescheid und macht zur Auflage, den Text „*unauffälliger*" zu formulieren. Gerade das wollen wir aber nicht, die Vermieter sollen gleich klar sehen. Das Gespräch versandet schließlich in guten Ratschlägen, die Geschichte doch geschickter anzupacken. Im Gespräch mit den Hausbesitzern und so. Da könne doch gar nichts schiefgehen. Wagner: „*Heutzutage ist man doch nicht mehr so untolerant.*"

Wir fangen nochmals von vorn an. Es hilft nichts: „*Nein, das geht wirklich nicht. Bei Bekanntschaftsanzeigen lassen wir schon manchmal was durchgehen. Aber der Wohnungsmarkt muß sauber bleiben.*" Basta.

Dasselbe noch einmal bei der „Frankfurter Allgemeinen Zeitung". Die Anzeigenannahme: „*Warum muß denn das drinstehen?*" Nämlich die „*eng befreundeten Herren*".

Weil's wahr ist.

Wieder Diskussion mit dem Anzeigenleiter, Herrn Finkenzeller, einem selten tauben Gesprächspartner: „*Wir tun das nicht gerne, wir vermitteln keine Bekanntschaften.*"

Ja, also bekannt seien wir an sich schon ganz gut miteinander. Ob die Anzeige denn anstößig sei? „*Nein, aber wir vermitteln keine Bekanntschaften. Alle anderen Zeitungen nehmen das ja.*"

Eben nicht. Will Herr Finkenzeller nicht oder kann er nicht? „*Wir haben ja genug Anzeigen, wir haben das nicht nötig.*"

Ach so.

Die „*Süddeutsche Zeitung*" gilt in Deutschland fast als Inbegriff liberaler Geisteshalhaltung. Der verantwortliche Anzeigenleiter, Herr Steurer, ist ebenfalls ein sehr freiheitlicher Mann. Ein Herr solle doch mieten, rät er uns, nachdem die Dame am Telefon unseren Text für „*naja, in der Form*" für verdächtig befunden und den Vorgesetzten konsultiert hat. „Warum, geht das gegen die guten Sitten, oder was?", möge uns der große Meister sagen. „*Ja, sicher, sicher!*", kommt es schon recht ungeduldig zurück. Und warum? „*Das müssen Sie schon uns überlassen!*".

Jetzt ist der Herr aber wirklich sauer. Jedenfalls ist er nicht bereit, uns den einschlägigen überregionalen oder internen Sittenkodex zu nennen.

Anstandslos werden wir unsere Anzeigen dagegen beim „Kölner Stadtanzeiger" los – und bei der „Frankfurter Neuen Presse", einem als eher konservativ-altväterlich beleumdeten Blatt, mit dem wir am wenigsten gerechnet haben. Haben die's nötig, oder sind sie so freigesinnt?

ZWEITER AKT: Briefkampagne

Andersartigkeit geht ins Geld

„Eigentumsdiktatur" und „beispiellose Ausbeutung" sind für Alexander Mitscherlich Synonyme für die Vorgänge auf dem Wohnungsmarkt. Ob zumindest Deutschlands Makler die Praktiken ihrer grund- und hausbesitzenden Auftraggeber vollständig reproduzieren, konnten auch unsere Bemühungen nicht so recht erhellen.

25 Briefe schickten wir an die größten Maklerfirmen in allen Landesmetropolen mit dem Auftrag, uns beiden „Homos" eine „Fünf-Zimmer-Wohnung" zu vermitteln und uns „wegen unseres besonderen Falles ganz schnell zu benachrichtigen und dabei mit einem möglichen Vermieter bereits Vorabsprache zu treffen". Nur

»→

Seit September 1969 sind sie gleich vor dem Gesetz: Homosexuelle in der Bundesrepublik. Doch der Normalbürger sieht das oft genug anders. PARDON schickt die Redakteure Eckard Henscheid und Dieter Nord als Männer-Paar auf Wohnungssuche. Ein ernüchterndes Experiment.

Man soll die Kirche im Dorf lassen – oder auch nicht! Denn nur hier kann sie noch selbstherrlich bestimmen, was gut, was schlecht, was Fortschritt oder was des Teufels sei.

Gerhard Kromschröder

Die Unbefleckte Empfängnis

Ein exemplarisches Dorfporträt in 13 Bilderr

Auf dem Dorf ist alles anders.

Was allgemein als Fortschritt gilt, wird hier als Bedrohung der festgefügten, traditionellen Ordnung gefürchtet und bekämpft. Hier, im ungebrochen mittelalterlichen Gefüge verklemmter Moralität, hat die autoritäre Kirche ihre letzten Bastionen. Nur hier, im Rahmen der kleinkarierten gesellschaftlichen Muster, gelingt es ihr noch, Fortschritt zu verhindern. Denn sie funktioniert noch, die bewährte Methode der Verbreitung von Angst vor Fegefeuer, Apokalypse und ewiger Verdammnis.

Das 778-Einwohner-Dorf Klein-Berßen im niedersächsischen Emsland ist exemplarisch: arm, katholisch, kinderreich. Dort aber will der Lehrer Kiffel den Sexualkundeunterricht an der Schule einführen. Das hätte er lieber nicht tun sollen, denn — so die Elternschaft — „die Sexualerziehung ist alleinige Sache der Eltern . . . nur sie tragen vor Gott und dem Gesetz die Verantwortung für ihre Kinder!"

Und wo von Gott die Rede ist, da ist der Dorfpfarrer nicht weit. Er ist es denn auch, der besagte Eltern indoktriniert und ein Kesseltreiben gegen den Lehrer und seine verwerflichen Neuerungen inszeniert. Überaus erfolgreich, denn: „Es ist halt zum Glück noch so, daß der Pastor hier noch was zu sagen hat!" (Dorfpfarrer Brouwers)

Wie dieses Glück im einzelnen aussieht, schildert Gerhard Kromschröder. Er sprach mit den Beteiligten.

Ein Bericht aus einer fremden Welt.

1. Aufnahme:

Die Erwachsenen

Hauptpersonen: verschiedene Bürger aus dem Dorf Klein-Berßen

„*Weit ist der Weg zum Königsgrab bei Berßen. Durch dürre Kiefernwälder, über knisternde Flechtenteppiche wandern wir. Ein weißliches, geisterhaftes Licht schwebt an Nebeltagen durch den Wald. Merkwürdig verrenkte Bäume stehen an Waldblößen.*" („Ems-Zeitung")

Beiderseits der Straße Hünengräber, Riesensteingräber aus der jüngeren Steinzeit: ich nähere mich Klein-Berßen im Kreis Meppen (Niedersachsen).

Dort wollte kürzlich ein Lehrer Sexualkundeunterricht einführen, und nach massiven Protesten der Dorfbevölkerung soll der nun so aussehen: Die Schul-Aufklärung wird von Elternschaft und Ortspfarrer kontrolliert; sie genehmigen, was der Lehrer den Dorfkindern sagen darf. Die Begründung für diese ungewöhnliche Praxis hatte Ortspfarrer Brouwers geliefert: „*Im Zeugnis war Religion immer das erste Fach, und das sollte sie auch in diesem Fall sein.*" So hatte ich es in der Lokalzeitung gelesen.

Auf einem Feld am Ortseingang von Klein-Berßen arbeitet ein Bauer. Hier beginne ich meine Umfrage, die ich später im Dorf fortsetze. Ich frage: „*Was halten Sie vom Sexualkundeunterricht?*"

Erste Antworten:

„*Nix. Hatten wir auch nicht, und sind doch ordentliche Menschen geworden.*" (Bauer, ca. 45 Jahre alt)

„*Da stecken der Rote und der Gelbe hinter, der Christ gegen den Antichrist, und Sex soll uns kaputtmachen.*" (Hausfrau, ca. 50)

„*Das ist doch vergebliche Liebesmüh'. Die begreifen das doch nie in diesem katholischen Bauernghetto.*" (Junger Mann, ca. 26)

„*Der Trieb, der ist zur Zerstörung angelegt, siehe Erbsünde, und muß unterdrückt werden. So etwas macht das den Kindern doch erst schmackhaft, die Sünde.*" (Handwerker, ca. 60)

2. Aufnahme:

Die Kinder

Hauptpersonen: verschiedene Kinder aus dem Dorf Klein-Berßen

„*Bei Berßen liegt der Zicken-Busch, ein kleines Gehölz, in dem es nicht geheuer ist. Dort haust die Tochter eines Junkers, welche als Strafe für ihre schweren Vergehen in den Busch gebannt wurde und dort ihr Unwesen treibt.*" (E. Riebatsch: „Sagen des Kreises Meppen")

Ich habe meinen Wagen auf dem Dorfplatz abgestellt. Aus der Kirche kommt eine Schar Kinder, Gebetbücher unterm Arm; ein Nachmittagsgottesdienst ist zu Ende. Ich frage: „*Könnt Ihr mir sagen, wo die Kinder herkommen?*" Verblüffung. Einige Antworten:

„*Na, vom Klapperstorch.*" (Junge, ca. 6 Jahre alt)

„*Unsinn, die kommen vom lieben Gott, wie er uns das Jesuskind geschenkt hat.*" (Mädchen, ca. 8)

„*Klar, vom Heiligen Geist, wie bei der Maria.*" (Mädchen, ca. 7)

„*Ich habe da mal unsern Bullen gesehen, wie der so rumgesprungen ist, und dann kam ein Kälbchen. So ist das auch.*" (Junge, ca. 10)

„*Also wenn sich Mann und Frau lieb haben und sich einen Kuß geben.*" (Mädchen, ca. 9)

„*Über sowas spricht man nicht. Da wird man von Gott für bestraft.*" (Junge, ca. 7)

3. Aufnahme:

Der Bürgermeister

Hauptperson: Landwirt August Fangmeyer, 50, genannt „Eikens August", Vater von acht Kindern, seit 1964 Bürgermeister von Klein-Berßen, Kreistagsabgeordneter (CDU)

Schützenfest in dem aufklärungsfeindlichen Dorf Klein-Berßen: „Sexualkundeunterricht, das muß nach Exerzitienart gemacht werden, mit einem Pater und so."

„*Erwartungsvoll stehen die Schulkinder vor ihrer neuen Schule. Einige von ihnen tragen die Kreuze, die künftig ihre Klassenzimmer schmükken, zum Zeichen, daß Leben und Arbeit diesem Hause von christlichem Geist erfüllt sind . . . Anschließend nahm Pastor Brouwers die Weihe der Räume vor; in den Klassenzimmern wurden die Kreuze aufgehängt.*" („Meppener Tagespost")

Bürgermeister Fangmeyer steht „*einer der ältesten christianisierten Gemeinden des Emslandes*" (Gemeindechronik) vor. Im Flur seines Hauses, zu dem zehn Hektar Land gehören, hängt eine Tafel in Kreuzform, Aufschrift: „*Wenn des Lebens Stürme toben, richte den Blick nach oben.*" Auf dem Küchenschrank eine ungefähr 80 Zentimeter hohe Marienstatue aus Gips, farbig bemalt. Seine Frau sagt mir, im Gemeindebüro könne ich ihn finden, „*direkt neben der Kirche*".

Das Gemeindebüro: kleiner Raum mit zwei Fenstern, schwerer Panzerschrank, Regale mit Leitz-Ordnern, an der Wand ein Holzkreuz, zwei Schreibtische. An dem einen Gemeindeschreiberin und Gemeindekassenverwalterin Fräulein Semmrau, 66, mit blauer Strickweste und Brille, über Listen gebeugt. An dem anderen Schreibtisch Bürgermeister Fangmeyer, robust, mit blauem Arbeitsanzug und Holzschuhen.

Klein-Berßen versteht sich, so sagt mir der Bürgermeister, als „*ländlicher Nebenkern*". Das Dorf hat 778 Einwohner. Fangmeyer: „*Mindestens 95 Prozent sind katholisch.*" Die Gemeindeschreiberin präzisiert: „*Also höchstens 20 hier im Dorf sind nicht katholisch.*" Sämtliche neun Mitglieder des Gemeinderats gehören der CDU an. Fangmeyer: „*Hier gibt's nur CDU – sonst nix, keine Wählergemeinschaft, keine andere Partei oder so.*"

Fangmeyer stammt von einem Siedler-Hof außerhalb des Dorfes, sieben Kinder waren sie zu Hause. Er selbst hat jetzt acht, und er meint es witzig, wenn er es erklärt: „*Sonst hätten wir ja nicht so viel Bevölkerung hier. Irgendwo müssen die steigenden Einwohnerzahlen ja herkommen.*" Kaum verwunderlich, daß ihm Aufklärung suspekt ist: „*Den Sexualkundeunterricht, den wollte uns ein Lehrer hier aufdrücken, ganz heimlich. Da haben wir*

»→

48 | 49

Es gibt sie noch, die Gegend, in der die Kirche uneingeschränkt das Sagen hat, wo Körperlichkeit ein Tabu ist und Sexualkundeunterricht als Teufelswerk gilt: das Dorf. Gerhard Kromschröder hat an einem Beispiel im Emsland die Vergangenheit im Heute erkundet.

1970

pardon

die deutsche satirische M... · Juli 1970 · DM 2.– · D 7020 E

PARDON soll vor den Kadi: **Ist Gott beleidigt?**

Lassen Sie sich nicht verführen!
PARDON-Test: deutsche Sexblätter

„Willst Du mein Sieger sein?"
Dokumentation: die letzte gewonnene Schlacht

So macht man Meinungsbildner
Die seltsamen Praktiken der Deutschen Journalistenschule

Wenn das Jesus wüßte!
Die Geldgeschäfte des Vatikans

Foto: Uwe Borgwardt

Juli 1970

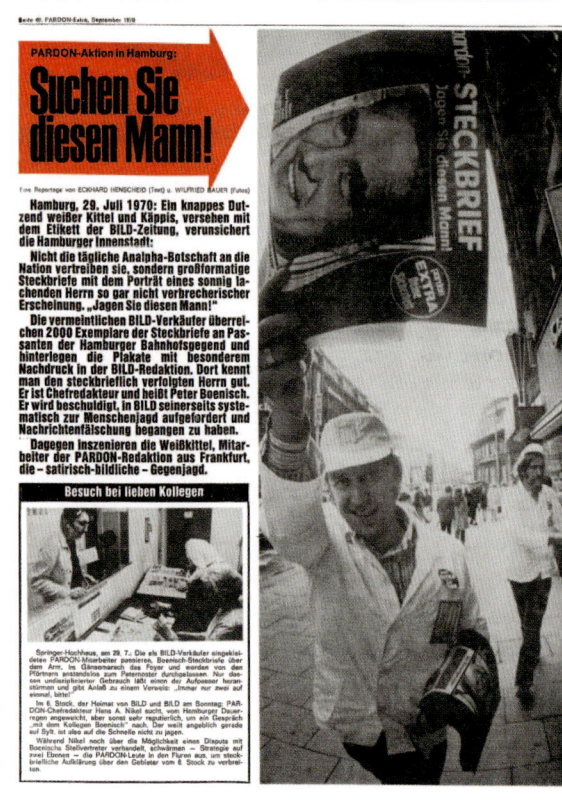

Immer wieder „Bild". Seit Wochen schon druckt das Blatt Steckbriefe von angeblichen Kriminellen und fordert seine Leser auf: „Jagen Sie diesen Mann!". Die Unschuldsvermutung ist außer Kraft gesetzt. PARDON dreht den Spieß um und druckt ein Plakat mit dem Bild von „Bild"-Chefredakteur Peter Boenisch, den man jagen solle u. a. wegen „Aufforderung zur Menschenjagd" und „Anstiftung zu Lynchjustiz". Die Redaktion macht sich nach Hamburg auf, wo sie als „Bild"-Verkäufer verkleidet ins Springerhochhaus marschiert. Eine der nächsten PARDON-Ausgabe beigeheftete Sonderbeilage dokumentiert die Hamburger Aktion und belegt auf zwölf Seiten, wie „Bild" die Wahrheit verdreht und manipuliert. Leser können einen Stempel mit dem Urteil „Erstunken + Erlogen" bestellen, mit dem sie falsche „Bild"-Berichte markieren können.

1970

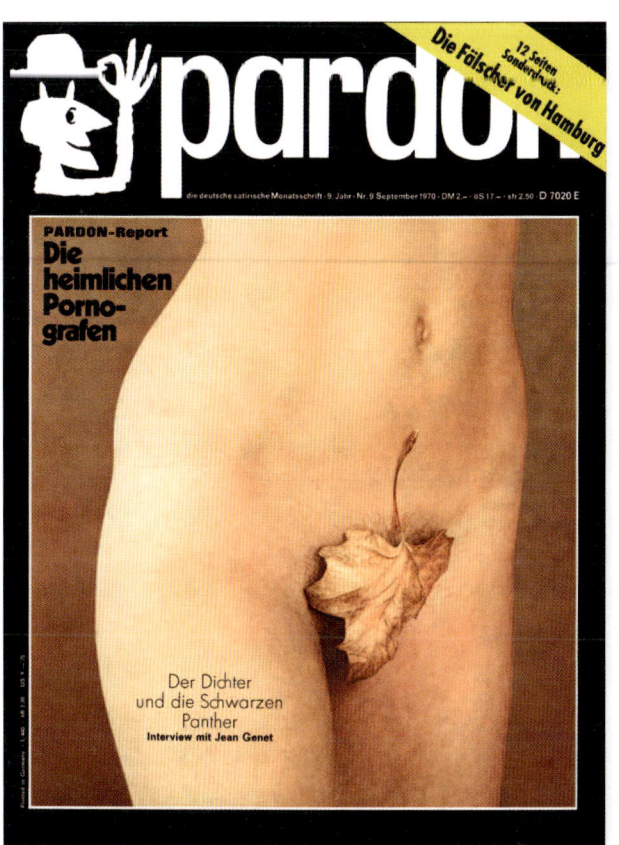

v. l. n. r.: August, September, Oktober und November 1970

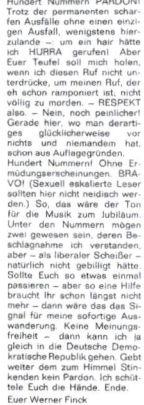

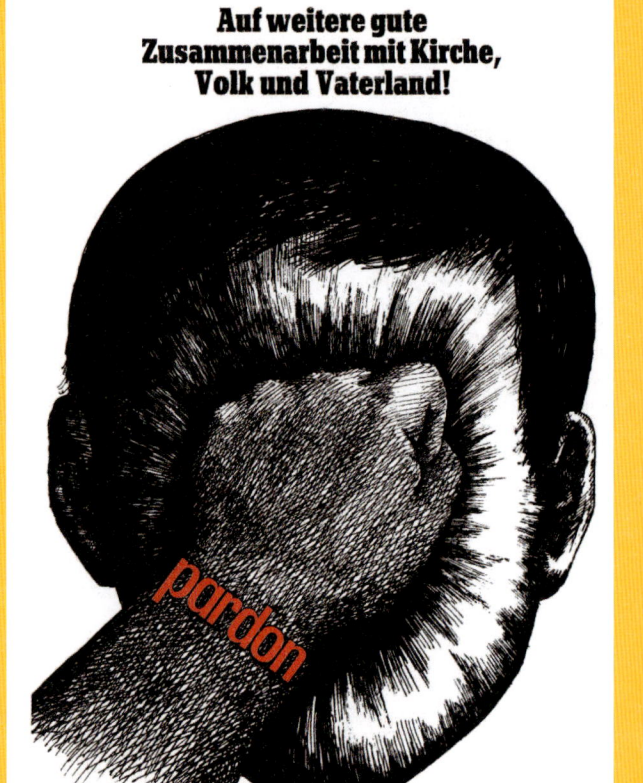

Geschafft! PARDON legt sein 100. Heft vor und feiert dies mit einer beigehefteten Jubiläumsausgabe. Die Paten der Gründung 1962 kommen darin zu Wort, Hans Traxler attestiert der Redaktion ein erfolgreiches Wirken, und Topor bestätigt die Kontinuität der Redaktionslinie. Auf dem Titelbild des Dezember-Heftes wirken die Redakteure allerdings leicht lädiert.

1970

pardon

Was kostet ein Abgeordneter? Großer Politiker-Stellenmarkt

die deutsche sati... · DM 2.– · öS 17.– · sfr 2.50 · D 7020 E

Jubiläum: 100mal PARDON
WIR MACHEN WEITER!

100

Dezember 1970

1971

Januar 1971

Platz für Spielereien: Glasaugen unterwegs in ungewohnter Umgebung, mal als dies, mal als das.

Februar 1971

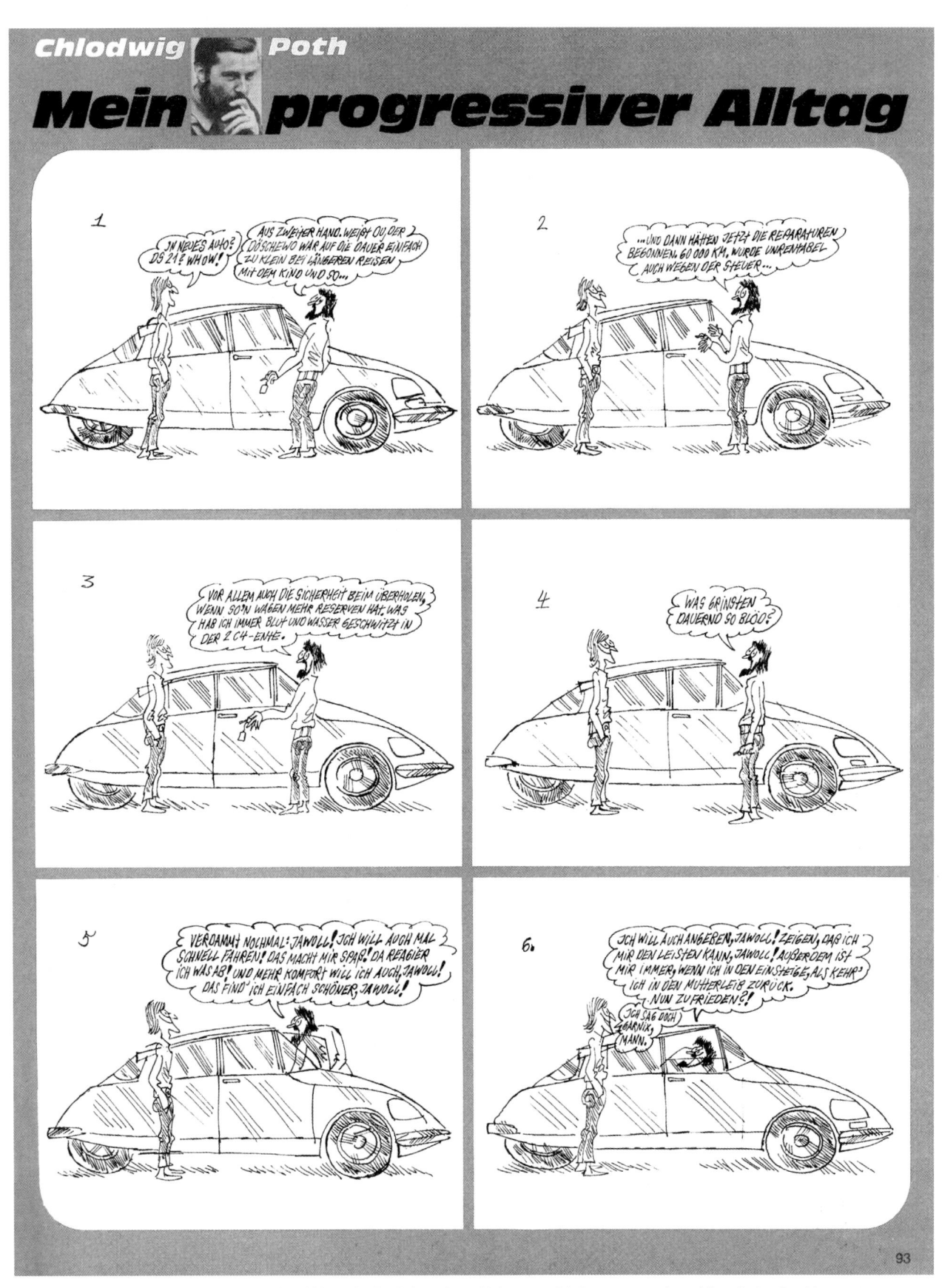

Immer wieder nimmt sich Zeitchronist Chlodwig Poth in seiner Kolumne „Mein progressiver Alltag" der Probleme der Alt-Achtundsechziger zwischen Anspruch und Wirklichkeit an – ein Balanceakt, der gute Argumente braucht.

1971

v. l. n. r.: März, April, Mai und Juni 1971

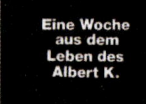

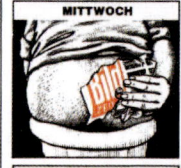

In einem der April-Ausgabe 1971 beigelegten Heft parodiert die Redaktion nach Strich und Faden die Machart des „Spiegel". In der Hamburger Brandstwiete, so ist zu hören, ist man gar nicht amused.

pardon

die deutsche satirische Monatsschrift · Nr. 7 · Juli 1971 · DM 2,50 · öS 20,— · sfr 3,00

Eine Frau packt aus:

Hütet Euch vor falschen Befreiern!

Wie die Emanzipation kaputtgemacht wird

Exklusiv in PARDON:

Macht die Bardot den Herrgott froh?

Erfolgreiche PARDON-Aktion: Wie unterwandert man die SPD?

Juli 1971

Zensur
an der Litfaßsäule
Warum ein PARDON-Plakat in 15 deutschen Städten verboten wurde

VERBOTEN
„Das Plakat verstößt gegen die guten Sitten. Die Stadt möchte auf den vertraglichen Werbeflächen ein Maß von Anstand eingehalten wissen, das gleich bleibt, auch wenn gerade eine Welle exzessiver Bilder anschwillt."
(Oberbürgermeister Dullenkopf, Karlsruhe)

VERBOTEN
„Wir müssen gewisse Plakate der Stadt vorlegen, und die haben einen Aushang abgelehnt, weil sie es als anstößig empfanden. Das war übrigens nicht der erste Fall."
(Irmgard Spiertz, stellvertretende Geschäftsführerin der Deutschen Städtereklame in Bochum)

ÜBERKLEBT
„Es macht einen Unterschied, ob ich nackte Frauen in einer Illustrierten bringe oder in wesentlich größerem Format an die Säulen im öffentlichen Verkehr bringe... Mit einem Aufkleber kann man nicht mehr von einem unbedeckten Busen reden".
(Geschäftsführer Meyer-Klaeden, Hamburger Außenwerbung)

VERBOTEN
„Mainz ist eine konservative Stadt, und die Stadtverwaltung ist von der Kirche beeinflußt. Hier hat man ein Aushängen des Plakats wegen der Konfrontation Papst-Mädchen abgelehnt"
(Geschäftsführer Köhler, Deutsche Städtereklame in Mainz)

ÜBERKLEBT
„Um nicht mit dem Strafgesetz in Konflikt zu kommen und um Schwierigkeiten von verschiedenen Seiten zu vermeiden, haben wir die Brust der Frau auf dem Plakat überklebt."
(Teilhaber Hoffmann, Außenwerbung Hoffmann & Schminke, Hagen)

VERBOTEN
„Wir waren der Meinung, daß das eine Darstellung ist, die man nur als geschmacklos bezeichnen kann. Wenn man den Papst — ich nenne ihn an erster Stelle — und prominente Politiker mit einer nackten Frau zusammenbringt, so ist eine solche Darstellung geeignet, diese Leute zu verunglimpfen. Die Stadt Braunschweig ist ebenfalls dieser Meinung."
(Geschäftsführer Presser, Deutsche Städtereklame in Braunschweig)

VERBOTEN
„In Freiburg zierte sich die Stadtverwaltung etwas, direkt nein zu sagen. Aber die Geschäftsleitung empfand das Plakat als ziemlich starken Tobak. Wir sind hier in einer Erzdiözese, und sowas können wir hier nicht aushängen."
(Plakat-Disponent Bössenroth, Außenwerbung Schiffmann & Co in Freiburg)

VERBOTEN
„Das Plakat ist nicht ausgehängt worden, weil wir bei den Spitzen der Stadtverwaltung Wuppertal nachgehört haben, und die haben es abgelehnt, weil sie Angst hatten, wegen der kirchlichen Situation hier Ärger zu bekommen."
(Sachbearbeiter Engels von der „Reklamegesellschaft Ruhrgebiet" in Wuppertal)

VERBOTEN
„Zur Begründung sei angeführt, daß die Art, in der insbesondere der Herr Bundeskanzler dargestellt wird, nicht gebilligt werden kann. Die Abbildung des Bundeskanzlers und auch der übrigen Persönlichkeiten widerspricht sicherlich den Vorstellungen, die die Öffentlichkeit normalerweise vom Regierungschef und anderen haben kann."
(Städtischer Oberverwaltungsrat Krummrey, Stadtverwaltung Herne)

„Jeder hat das Recht, seine Meinung in Wort, Schrift und Bild frei zu äußern und zu verbreiten... Eine Zensur findet nicht statt."
(Grundgesetz, Artikel 5, Absatz 1)

Das Grundgesetz scheint in 15 Städten der Bundesrepublik allerdings seine Gültigkeit verloren zu haben. Denn dort fand eine Zensur des oben abgebildeten PARDON-Plakats statt. Verboten wurde es in Bochum, Bremen, Gelsenkirchen, Braunschweig, Mainz, Marburg, Wiesbaden, Wuppertal, Solingen, Karlsruhe, Freiburg, Münster, Augsburg, Mühlheim und Herne. In Hamburg und Hagen wurde es durch Aufkleber zensiert.

Zum Zensor des Plakats — Motiv: der PARDON-Titel des Februar-Heftes — fühlten sich in den meisten Fällen die jeweiligen Stadtverwaltungen berufen, auf deren Grund und Boden die Litfaßsäulen stehen. Sie untersagten der „Deutschen Städtereklame GmbH" (Gesellschafter: 22 deutsche Städte) sowie einigen Privatunternehmen, das PARDON-Plakat auszuhängen.

Die Begründungen, einige davon haben wir hier abgedruckt, sind k e i n e Satire. Sie sind tatsächlich ernst gemeint.

Wieder einmal wurde der Kauf von PARDON behindert – mit zwielichtigen Argumenten.

100

1971

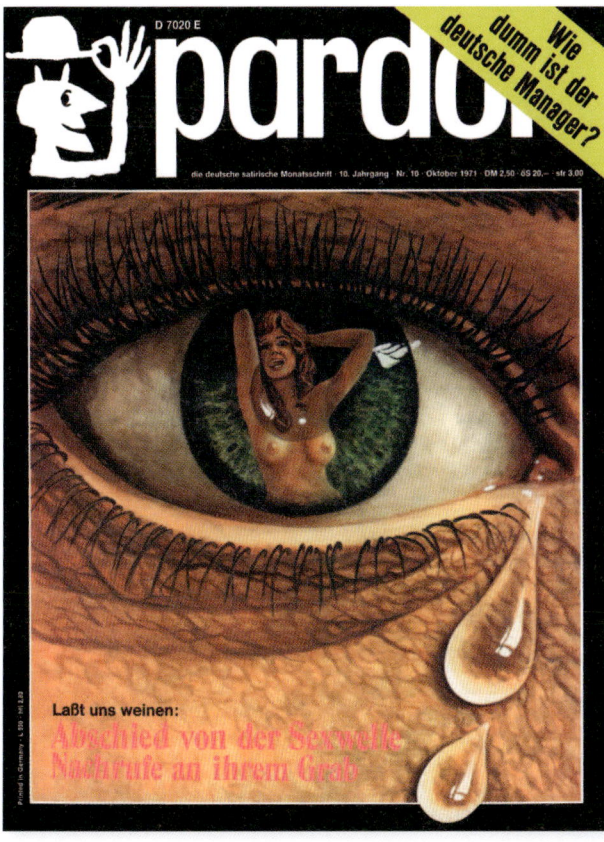

v. l. n. r.: August, September, Oktober und November 1971

Bilder lügen doch!

PARDON enthüllt, wie Fotos manipuliert werden. Und offenbart, was sie ursprünglich zeigten, bevor sie den Retuscheuren in die Hände fielen.

Das Duo Jungwirth & Kromschröder gründet eine dubiose Bürgerinitiative – zum Schutz der Banken, behaupten sie. Unterstützung erfahren sie von allen Seiten – ob von CDU-Rechtsaußen Alfred Dregger oder Horst Herold, Chef des Bundeskriminalamtes. Oder von der NPD.

1971

pardon

die deutsche satirische Monatsschrift · 10. Jahrgang Nr. 12 · Dezember 1971 · DM 2,50 · öS 20.– · sfr 3,00

Warum verschwand Theo K.?
Protokoll einer Flucht vor der Bundeswehr

Ehre sei Brandt in der Höhe!
Achtung, jetzt kommen die Schlitzohren von Bonn!

Dezember 1971

1972

Wieder einmal hat sich PARDON mit seinem Lieblingsfeind Franz Josef Strauß angelegt, den Horst B. Baerenz auf dem Juli-Titel mit Ulrike Meinhof zusammengebracht hat. Diesmal findet er sich im Heftinnern in zwei satirischen Beiträgen zu Unrecht als politischer Nutznießer des RAF-Bombenterrors dargestellt. In einer Eidesstattlichen Versicherung erklärt er, nie Mitglied der RAF gewesen zu sein – welche Überraschung. Nachdem eine einstweilige Verfügung vorliegt, die der Redaktion verbietet, die entsprechenden Seiten weiter zu zeigen, wirft sich das Team vor der Kamera von Ernst Steingässer straußgerecht in Schale und gelobt Besserung. Der Bayer erstattet dennoch Strafanzeige wegen „politischer Verleumdung". Und wieder kommt er damit nicht durch.

Januar 1972

Eine Richtigstellung von ihm selbst (Vorsicht: Keine Satire)

Strauß ist kein Mitglied der RAF

1972

pardon

Heft 7 · 11. Jahrgang · Juli 1972 · DM 2,50 · ÖS 20,– · sfr 3,–

D 7020 E

Auf weitere gute Zusammenarbeit!

Juli 1972

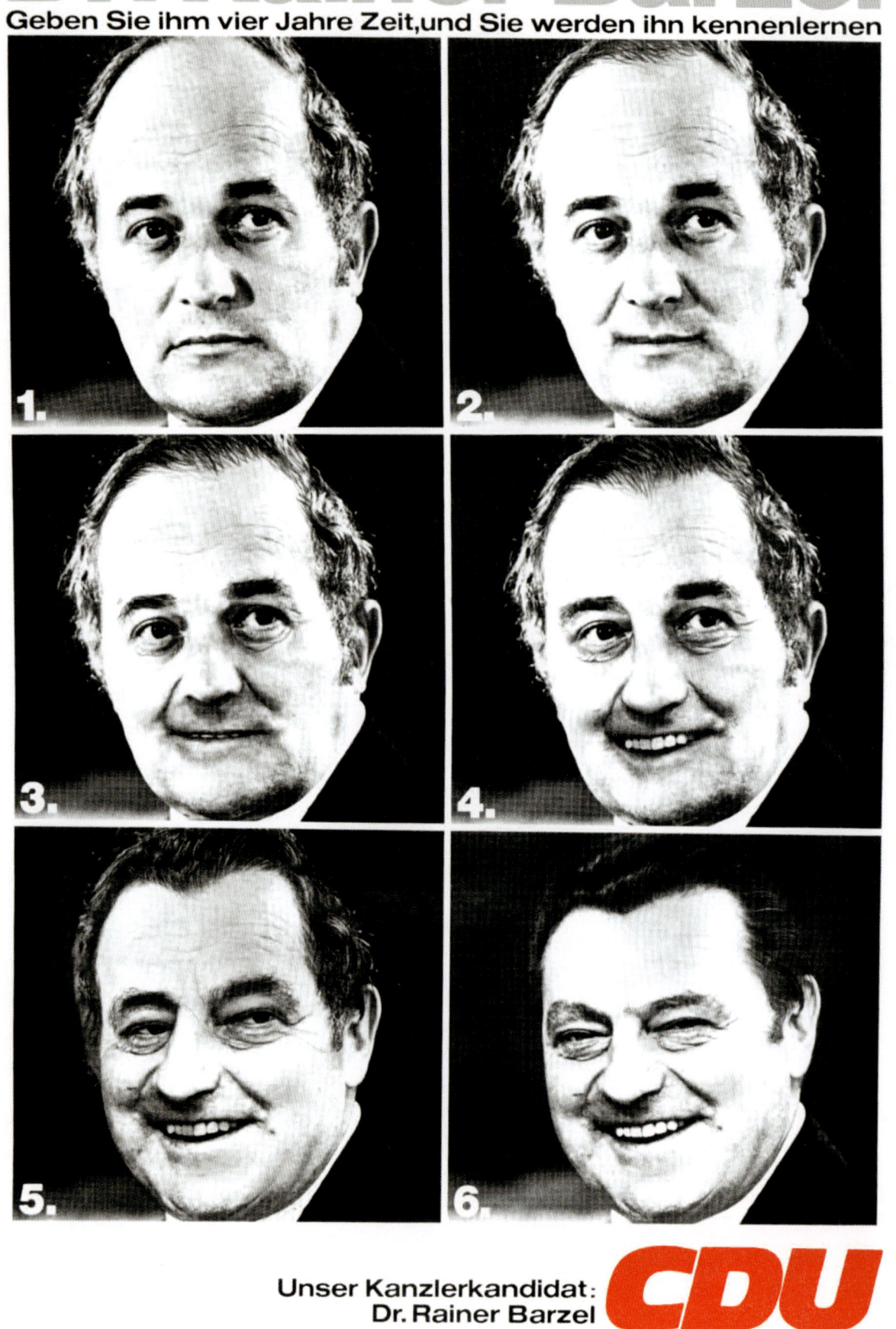

Dr. Rainer Barzel
Geben Sie ihm vier Jahre Zeit, und Sie werden ihn kennenlernen

1.
2.
3.
4.
5.
6.

Unser Kanzlerkandidat: Dr. Rainer Barzel

CDU

Bei der Bundestagswahl will CDU-Kandidat Rainer Barzel Willy Brandt als Bundeskanzler ablösen. Überall Wahlwerbung, überall hängen Plakate, darunter auch eines von Gerhard Kromschröder. Darauf verwandelt sich Barzel in F. J. Strauß, um zu zeigen, wer in der Union die Richtung vorgibt. Ob's abgeschreckt hat oder nicht: Willy Brandt bleibt jedenfalls Kanzler.

1972

v. l. n. r.: Februar, März, April und Mai 1972

Die Tropensonne liebkost den nackten Körper und befruchtet den Geist: Träume werden zum Bild

Der alte Mann und das Meer

Wenn die mittägliche Tropensonne zum Feuerschwert wird und jeglichen Schatten mordet, dann entspannt sich der Fremde im heißen Sand. Glut und Boden — die Natur ist sein Verbündeter, nicht sein Feind.

Von den Eingeborenen hat er gelernt, wie man aus Kräutern und Baumrinde leuchtende Farben gewinnt. Bald ist aus ein paar Ästen die Staffelei hergestellt, Schilfrohr liefert den Pinsel, und wohlgemut pflegt er die Malerei, das lang entbehrte Steckenpferd seiner Jugend. Träume werden zum Bild. Aber nicht nur der Kunst leiht er seine lockere, sonnengebräunte Hand. Zwischendurch trägt die Staffelei auch Pläne kühner Bauten und zukunftsweisender Monumente. Ein Festspielhaus auf dem Termitenhügel zum Beispiel, oder ein großzügiges Netz mehrbahniger Betonstraßen. Heute schon treten die Eingeborenen zusammen und erörtern freudig erregt die Trassenführung der künftigen Autobahn, die bald als hurtige Brücke zum Morgen die Insel festlich umspannen wird.

Umgeben von seinen Getreuen: Hart wie Kokosschalen, zäh wie Kautschuk, flink wie Fliegende Hunde

Der alte Mann und das Meer

Aber nicht nur Ideen brachte der einsame Deutsche in den naß-feuchten Urwald. Er befruchtete ihn auch mit seiner Liebe zu Ordnung und Sauberkeit und pflanzte Manneszucht in die Herzen der Wilden. Er verwandelte das Paradies der Fruchtbarkeit in ein Paradies der Organisation. Als Verbündete im Kampf gegen die Feinde der Welt wählte er unter den jungen Kriegern die besten und tüchtigsten aus. Thor half ihm. „Kampf dem Verderb!", lautet die Parole. Hart wie Kokosschalen, zäh wie Kautschuk, flink wie Fliegende Hunde sind seine Getreuen, die Schmutz-Staffel der Grünen Hölle. Singend und säubernd ziehen sie im Gleichschritt durch Land, allzeit bereit.

Er selbst setzt das Beispiel und scheut sich nicht, persönlich Hand anzulegen. Einmal wöchentlich kämmt er mit dem Rechen das Strohdach. Der Waschtag am Mittwoch verhilft ihm zum saubersten Weiß der Tropen. Seine Sorge um die Jugend kennt kein Rast. Auch wenn er sich in seinen Hochsitz über dem steilen Kliff, dem Horst des Adlers, zurückgezogen hat, läßt er seine Freunde nicht aus den Augen, wenn sie fernab am Strand unter Thors Leitung turnen. „Ein gesunder Körper in einem gesunden Urwald!" Auch im Tropenparadies schenkt Vater Jahn Kraft durch Freude. Wohlwollend betrachtet er der Fremde das muntere Treiben: „Mein liebes, braunes Jungvolk ..."

Wo er nicht überall vermutet wurde: sogar in einer geheimen Festung im ewigen Eis der Antarktis. Doch PARDON and ihn ganz woanders: auf einer Tropeninsel am Ende der Welt, fern der Heimat, verkannt und enttäuscht. Umgeben von gelehrigen Eingeborenen, seinen letzten Getreuen, wartet er dort gefasst auf seine Stunde.

pardon

Kein Grund zur Aufregung
Noch ist Deutschland nicht verloren

Juni 1972

Das Kraft-Ei.

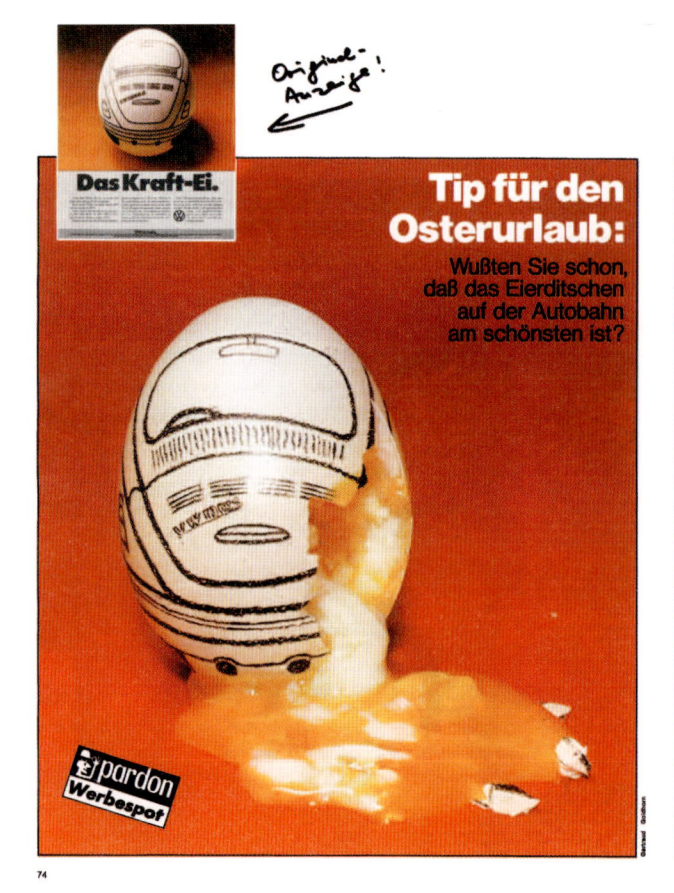

Originalanzeige ↙

Tip für den Osterurlaub:
Wußten Sie schon, daß das Eierditschen auf der Autobahn am schönsten ist?

pardon Werbespot

Gerhard Kromschröder
Allerlei Eier zur Feier

Nicht vergessen: Am 2. April ist Ostern

„Gott ist überall im Weltall sichtbar, und jene Augen, die ihn nicht wahrnehmen, sind wahrlich blind oder schwach"
(Napoleon I.)

Ein Ei gleicht dem anderen – vonwegen! Diese visuellen Eier-Definitionen beweisen es.

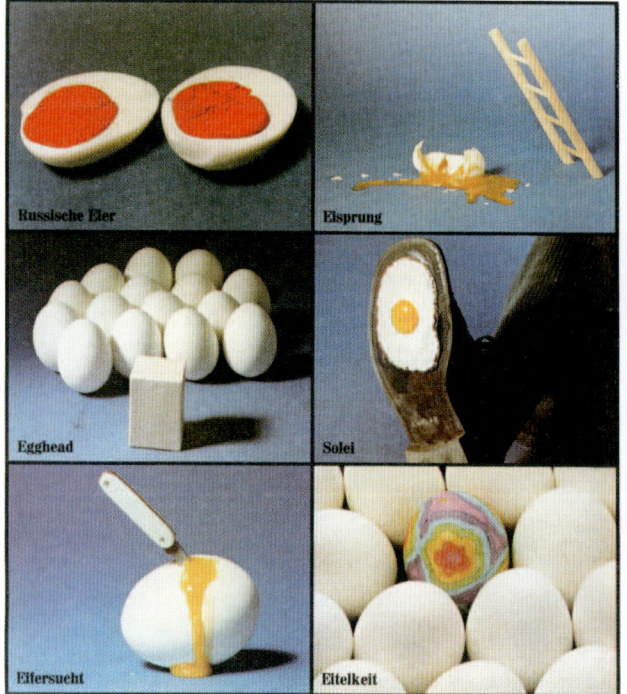

Russische Eier	Eisprung	Eigentum	Eizelle
Egghead	Solei	Eierauflauf	Heuchelei
Eifersucht	Eitelkeit	Spiegelei	Eiland

Außen hart, innen weich – oder doch nicht? Eierspielereien en masse. Einmal prüft PARDON, wie hart die Argumente einer VW-Anzeige sind. Dann erfolgt eine weiche Reise durch die Weiten des Eier-Universums.

110

v. l. n. r.: September, Oktober, November und Dezember 1972

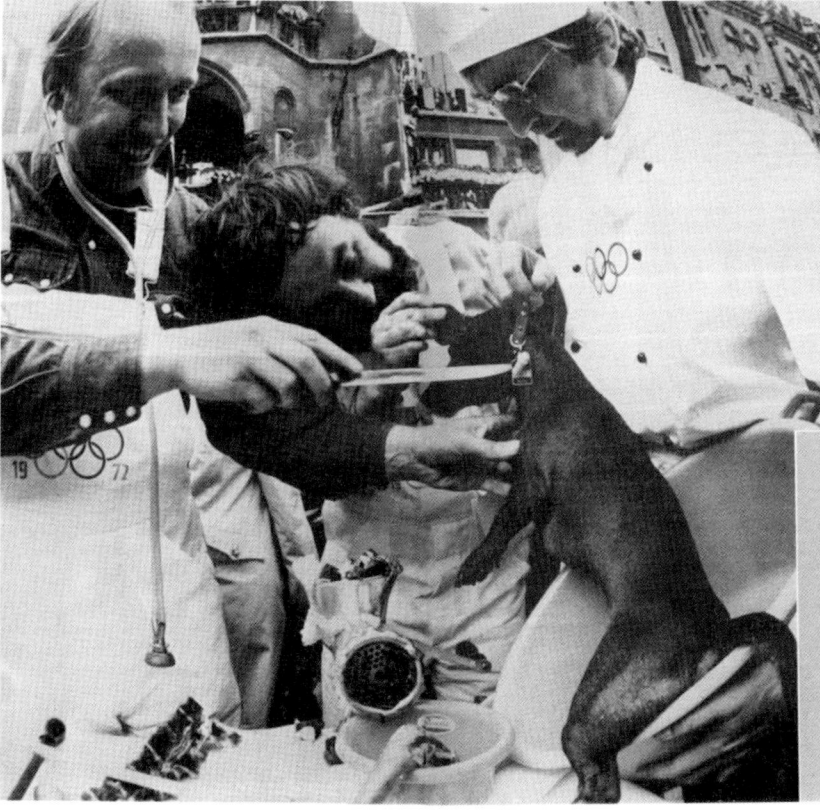

Die Vorbereitungen für die Olympischen Spiele in München laufen auf Hochtouren, die Finanzierung wackelt, überall rasseln die Sammelbüchsen. Ein Dackel namens „Waldi" ist das Maskottchen des geplanten Sportspektakels. Es gibt ihn als Plüschtier, Schlüsselanhänger oder Holzfigur. Unter dem konsequenten Motto „PARDON: Alles für Olympia. Spenden Sie Ihren Dackel!" hat die Redaktion zusammen mit Fotograf Ernst Steingässer den Marienplatz in München besetzt, um dort Dackel der olympischen Idee zu opfern – und als „Zamperl-Fleischpflanzerl" (Hochdeutsch: Dackel-Frikadellen) unterm Volk zu verteilen. Das satirische Schlachtteam hat Münchner Dackelbesitzer dazu gebracht, mit ihren Tieren in die Innenstadt zum Opferfest zu kommen. Geschlachtet wurde dann allerdings kein Dackel, die an die Passanten verausgabten Frikadellen waren aus Schweinehack.

1972

11. Jahrgang · Heft 8 · August 1972 · DM 2,50 · ÖS 20,– · sfr. 3,–   D 7020 E

pardon

Die Dicken kommen!
Genießen Sie die neue Freiheit!

Strauß verklagt PARDON

August 1972

1973

Januar 1973

Neues hat ausgedient, Altes ist angesagt. Chlodwig Poth ist dem Nostalgietrend auf eine Party gefolgt.

pardon

Heft 2 · 12. Jahrgang · Februar 1973 · DM 2,50 · öS 20,— · sfr 3,—

D 7020 E

Greift zu: Eure Nachbarin ist eßbar!
Seite 16

Bonn:
Als Spion im Bundestag

Aktion:
Ein Grab für Nixon

Literatur:
Stinkt Arno Schmidt?

Alltag:
Der Wahnsinn mit den Auto-Raketen

Zukunft:
Barzel bei den Pennern

Foto: Jan Bengtsson

Februar 1973

„Diese Umweltschützer werden neuerdings immer rabiater in ihren Methoden!"

Auf dem Weg zu autofreien Innenstädten: Hans Traxler erlebte Erstaunliches in seiner Nachbarschaft.

1973

v. l. n. r.: März, April, Mai und Juni 1973

Hitler-Bücher sind im Trend, Hitler ist zu Bestseller-Ehren avanciert; Hitler sells. PARDON lässt den Vielbeschriebenen vor der Kamera von Inge Werth auf der Buchmesse aufmarschieren, begleitet von Konfettiregen und Trommelwirbel, eskortiert von bewaffneten, schwarzuniformierten Soldaten mit Hakenkreuz-Armbinden. An den Buchständen will er sich bei den verschiedenen Verlagen dafür bedanken, dass sie sich seiner so engagiert annehmen. Der Trend ist echt, der Hitler nicht. Es ist der amerikanische Schauspieler Billy Frick, den PARDON für diese Aktion aus den USA hat einfliegen lassen.

1973

Heft 7 · 12. Jahrgang · Juli 1973 · DM 2,50 · öS 20,– · sfr 3,–

D 7020 E

pardon

Foto: Jaques Schuhmacher

**Bilder lügen nicht:
Auch Barzel
nahm Geld
von der SPD**

Report:
**Wie ich beinahe
Mönch
geworden wäre**

Achtung, Autofahrer:
**Unser täglich
Benzin
gib uns heute**

Machen Sie mit:
**Der letzte Tango
im
Pardon-Test**

Großer Bericht über den
heißesten Tango,
der je geschoben wurde

Juli 1973

stern-Reisejournal

Das wahre Paradies

Jungwirth & Kromschröder fanden, was die „stern"-Dichter suchen

Der „Stern" hat deutsche Dichter und Denker eingeladen, ihr Paradies zu suchen, „um die Welt für uns neu zu beschreiben". Aber es ist wenig neues dabei herausgekommen. Obwohl sie tausende von Kilometern gereist sind, haben die Dichter auch keine anderen Paradiese entdeckt als jene, die einem in jedem Reiseprospekt angeboten werden: Peter Rühmkorf fand Bali, Ingeborg Bachmann den Senegal, Siegfried Lenz Pellworm, Friedrich Dürrenmatt Neuseeland und Martin Walser Westindien – fehlen eigentlich nur noch Capri und Mallorca.

PARDON hat das Dichter-und-Denker-Team Jungwirth & Kromschröder gebeten, sich aufzumachen auf die Suche nach einem wirklich neuen Paradies unserer Zeit. Unter einer azurgrauen Dunstglocke, abgeschirmt von grellen Sonnenstrahlen, entdeckten sie zusammen mit der Fotografin Inge Werth eine wahre Oase der Erholung: Frankfurt. Dort fanden sie verwirklicht, was die Qualität unseres Lebens ausmacht. Hier ist ihr Bericht, der im „Stern-Reisejournal" fehlt.

◀ Interessanter als Bali, abwechslungsreicher als der Senegal: Frankfurts pulsierendes Herz, die Hauptwache. In dieser Oase der Erholung, wo die bunte Vielfalt der Fahrzeuge Auge und Ohr erquickt, werden auch die Atmungsorgane fühlbar animiert. Allerdings machen die Menschen den Fehler, aufrecht zu gehen. Wahren Genuß verschafft erst eine Lage in Auspuffhöhe.

≫→

11

Karibik oder Neuseeland – vergessen Sie's. Das PARDON-Duo Jungwirth & Kromschröder fand zusammen mit Fotografin Inge Werth das wahre Paradies, den Ort, wo Urlaub wahrhaft erholsam ist: die Innenstadt. Kurzentschlossen entspannen sie sich erst einmal im Verkehrsstrom der Frankfurter Hauptwache.

1973

v. l. n. r.: August, September, Oktober und November 1973

Was braucht man Feinde,
wenn man Parteifreunde hat?

Schenken macht Freude, auch in schweren Zeiten –
beobachtet Horst Haitzinger.

Die Friedensgespräche kommen nicht voran, derweil verstärkt
US-Präsident Richard Nixon die Bombardements von Vietnam.
Die PARDON-Redaktion reserviert ihm dort ein Grab, wo er
hingehört: auf dem Kriegsverbrecherfriedhof in Landsberg.
Fotograf Ernst Steingässer begleitet die Delegation.

Hermann Matthes hat recherchiert, dass die Ölkrise
Fernsehen nicht verhindern kann.

122

Heft 12 · 12. Jahrgang · Dezember 1973 · DM 3,—

pardon

Wieder mit 32 Extraseiten DIE WAHRHEIT

Nicht zittern und zagen:

Deutsche, haltet durch!

Wie wir die Energiekrise meistern können

Das Neueste von morgen:

Kein Fernsehen mehr — was tun?

Staatliche Wärmegymnastik in allen Betrieben

Pferdeeinsatz bei der Bundesbahn

Bonn warnt: Alkohol wärmt nicht!

Che Iljitsch Maharaj Jesus
Die neuen Gesichter der einen Wahrheit

1974

Januar 1974

DIE WAHRHEIT über manche Rom-Pilger

Nichts geht über ein authentisches Reisesouvenir aus der Ewigen Stadt, hat Zeichner efbe vor Ort beobachtet.

Februar 1974

Prosit Neujahr! In der Ölkrise stoßen PARDON-Chef Nikel und die Redaktion zu Silvester statt mit Champagner mit dem Teuersten an, was es gerade gibt: mit Benzin, direkt ausgeschenkt aus einer per Fotomontage in die Redaktionsräume verpflanzten Zapfsäule.

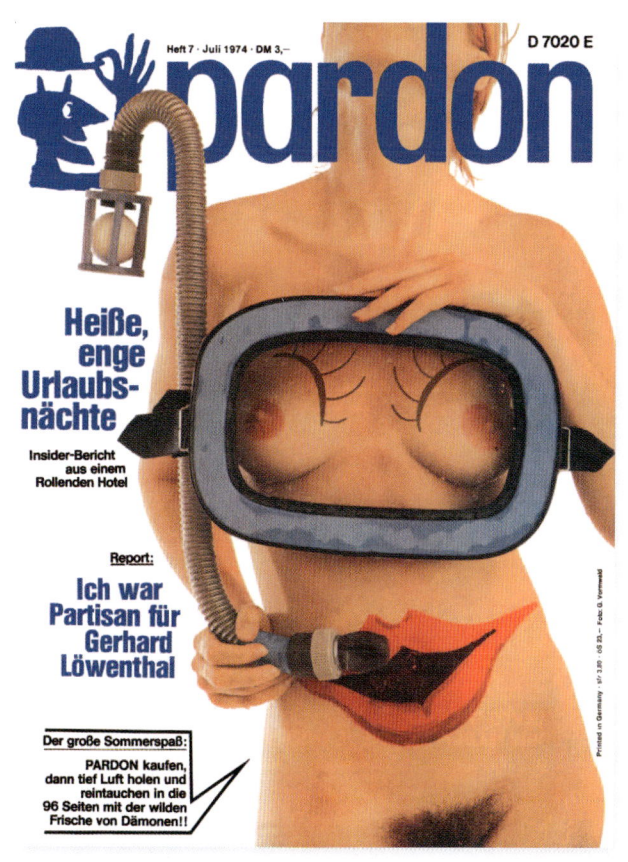

v. l. n. r.: März, April, Mai und Juli 1974

Jagdszenen aus der Stadtbahn
Die gesammelten Alpträume des Schwarzfahrers Gerhard Seyfried

„Nach uniformierten Kontrolleuren hält man vergeblich Ausschau; die Stadtwerke nützen den Vorteil der taktischen Überraschung."

„An der zunehmenden Erfahrung der Kontrolleure scheitert auch die gerissenste Verkleidung."

„Gesperrte U-Bahnhof-Ausgänge vereiteln nicht selten die schon geglückte Flucht."

„Die Eskalation des Schreckens ist einfach nicht aufzuhalten."

„Die rechtlichen Möglichkeiten der Fahrscheinkontrolle sind heute fast schon erschöpft – wird's so weitergehen?"

„Wird vielleicht die unersättliche Polizei auch diese Aufgabe übernehmen?"

Gerhard Seyfried aus Berlin weiß, wovon er redet. Er ist ein ebenso routinierter Zeichner wie Schwarzfahrer. Als illegaler Fahrgast überrascht ihn aber immer wieder der Einfallsreichtum der Kontrollorgane.

1974

Heft 6 · Juni 1974 · DM 3,–

D 7020 E

pardon

Wir bedauern außerordentlich die Krise der SPD

Alles über die Orgien in Bonn (Seite 92)

Zeichnung: Baerenz

Juni 1974

»Ich trinke Jägermeister, damit ich meinen Leuten in Rom mal richtig die Meinung sagen kann.«

Jägermeister.
Einer für alle.

Manchmal gibt ein kleiner Schluck den richtigen Ruck.

v. l. n. r.: August, September, Oktober und November 1974

Nur Geller ist schneller

PARDON testet die Psi-Kräfte des magischen Löffelverbiegers

Uri Geller, der magische Verbieger geht um. Er verbiegt, so heißt es, Bestecke mit einer geheimnisvollen Kraft, hält Seilbahnen an und macht defekte Uhren wieder gehend. PARDON wollte es genau wissen und lud den Mann, der „ganz Deutschland verbiegt" („Bild") zu einem Test in die Redaktion nach Frankfurt ein.

Endlich, am 18. 2. 1974, kommt die langersehnte Zusage: Uri Geller ist bereit, vor den kritischen Augen der PARDON-Redaktion seine übersinnlichen Fähigkeiten unter Beweis zu stellen.

Jetzt ist Geller nicht mehr zu halten: PARDON-Mitarbeiterin Hela Schartenberg spürt plötzlich, daß ihre zurückhaltenden, zarten Formen (links) immer voller und runder werden. Ein großartiger Erfolg der parapsychologischen Chirurgie!

Als er jedoch dazu übergeht, das Ergebnis seiner Arbeit zu prüfen, schreitet Hans A. Nikel entschlossen ein.

Vergebens! Uri konzentriert sich verbissen auf die Redaktionsmannschaft. Sein stechender Blick durchdringt ihre Körper. Was hat er vor?

Zum Entsetzen der anderen Redaktionsmitglieder beginnt sich als erster Winfried Goldhorn zu verbiegen. Ein schrecklicher Anblick!

19. 2. 1974, 10.55 Uhr. Uri Geller läßt auf sich warten. Noch sind alle Redaktionsmitglieder mißtrauisch. Doch da naht Uri: von seiner Ausstrahlungskraft werden sie im Bruchteil einer Sekunde in großer Zuneigung zu ihm hingerissen.

Aus und vorbei! Geller hat die gesamte Redaktion in seine Gewalt gebracht. Zufrieden verläßt er nach dieser erfolgreichen Demonstration seiner Psi-Kräfte das Haus. Es gibt jetzt keinen Grund mehr, am Verbieger Geller zu zweifeln.

Ein Löffelverbieger namens Uri Geller macht Furore. PARDON lässt ihn die Redaktion besuchen. Fotografin Inge Werth dokumentiert, was er dort anrichtet.

Chlodwig Poth

Uns wird alle der Teufel holen
Die Satanswelle und ihre Folgen

Das Übersinnliche kommt mit Macht. Geller und Psi ist in aller Munde und die Satanswelle rollt, aus den USA kommend, vehement auf uns zu. Dort erzielt soeben der Film „Der Exorzist" nach dem gleichnamigen Roman von William Blatty Rekordeinnahmen. Es ist ein ziemlich unappetitlicher Film über ein kleines Mädchen, das vom Satan besessen ist, bei dessen Vorführung es den Zuschauern reihenweise übel wird. In den Buchhandlungen häufen sich die Bücher über Besessenheit, Satanskult, Hexenwahn und Teufelsbeschwörung. Und schon werden überall im Lande Fälle gemeldet von Menschen, in die der Beelzebub fuhr. Was steht uns da noch alles bevor? PARDON zeigt es auf.

Der neue Trend ist des Teufels

Beginnen wird es für die meisten von uns im Kino, wenn „Der Exorzist" hier anläuft, relativ harmlos, eher ein wenig befremdlich.

Aber bald schon werden sich bei einigen unserer Mitmenschen bedrohlichere Wirkungen zeigen.

Und wo Satan ist, da dürfen natürlich auch die Hexen nicht fehlen.

Andere wieder, wie beispielsweise Verleger Nikel, werden mit einer gewissen Genugtuung reagieren.

Die Exorzisten, die Teufelsaustreiber, werden Hochkonjunktur haben.

Der Klerus wird natürlich schnell Morgenluft wittern und voll in den Boom einsteigen.

Doch schließlich werden wir uns so rasch an die neuen Gegebenheiten gewöhnen, wie wir es schon bei der Sex- oder Jesuswelle taten.

Filme beschreiben Teufelsaustreibungen, Bücher über den Satanskult haben Konjunktur. Welche Folgen das für die Gesellschaft haben wird, prognostiziert Chlodwig Poth. Der PARDON-Teufel ist dabei mal wieder der Zeit voraus.

1974

Heft 12 · Dezember 1974 · DM 4,-
D 7020 EX

pardon

Romy – Liebling der Nation
Aus französischen Landen frisch auf den Tisch

Wolfgang Neuss: Der Hammer von Berlin

Plastik Alex Ignatius Printed in Germany sfr 5,- öS 30,-

Die schönsten neuen Fotos von Sam Haskins

Dezember 1974

1975

Februar 1975

Gerhard Kromschröder

MIT TAKTISCHEM GESCHICK DIE ZUGSPITZE EROBERT

Die kulturrevolutionären Bilder der Peking-Oper, einst unter westdeutschen Maoisten Kult, taugen nur noch zur Illustration bayrischer Verhältnisse in Gestalt eines CSU-Parteitags.

1975

pardon

Heft 1 · Januar 1975 · DM 4,–

C7070EX

Der Nußknacker von Bonn:

Nur wer zubeißt, überlebt!

Des Kanzlers harte Nüsse 75

Report
Lacht man in der DDR anders?

Das ganz verrückte neue Jahr
Blätter für die nächsten 12 Monate

Plastik: Alex Ignatius · Printed in Germany · sfr 5,– öS 30,–

Januar 1975

Erich Rauschenbach

Der Trend und seine Jünger
Bilder aus dem linken Familienleben zwischen 1974 und 1975

Langsam spricht sich's auch bis zur SPD, der FDP und den Jusos herum: die Rechnung „jung" gleich „links" stimmt nicht mehr. Bei Schülern und Heranwachsenden ist vielmehr schick geworden, mit der CDU oder der CSU zu sympathisieren. Was für die progressiven Eltern und Lehrer ziemlich schockierend ist. Erich Rauschenbach zeigt die Szene und die Szenen.

„Weißt Du was, Pappi? Du kannst eigentlich froh sein, daß Du nicht mein Sohn bist!"

„So lange Ihr so rumlauft, könnt Ihr alleine spazierengehen!"

„Wenn Ihr mich repressionsfrei erzogen habt, darf ich da wohl auch an die Wand hängen, was ich will! Oder?"

Die progressiven Eltern zittern, denn Erich Rauschenbach vermeldet Schreckliches: Die Jugend wird konservativ.

1975

v. l. n. r.: März, April, Mai und Juli 1975

Wieder einmal ist das Auto in der Krise: Diesmal stockt sein Absatz. Horst Haitzinger weiß, wie damit umzugehen ist.

Neuerdings lauert er überall: der Frust. Denn die Zeiten der selbstsicheren Unbekümmertheit neigen sich ihrem Ende entgegen, beobachtet Zeitchronist Chlodwig Poth.

1975

pardon

Heft 6 · Juni 1975 · DM 4,–

C 7020 EX

Schmidt ahoi!
Im Aufwind aus der Flaute?

Wie in der Bundesliga geholzt werden darf
Brutalo-Fußball

PARDON-Interview mit Erich Fromm:
Mehr Freizeit? Vollere Irrenhäuser!

Hilfe, die Knef verfolgt mich!

Plastik: Alex Ignatius · Printed in West-Germany · sfr 5,50 · öS 35,–

Juni 1975

Porträt des Monats
Rock-Opa Bill Haley is back

Zeichnung: Horst B. Baerenz

Die Heroen von gestern sind in die Jahre gekommen, hat Horst B. Baerenz beobachtet.
Doch auch im Rollstuhl werden sie noch ihrem Ruf gerecht.

1975

v. l. n. r.: August, Oktober, November und Dezember 1975

Rau und gnadenlos geht es in der Union zu beim Kampf um die Oppositionsführung. Wird es F. J. Strauß schaffen, seinen Konkurrenten Helmut Kohl in die Fluten des Rheinstroms in Bonn zu schleudern auf dass er ersäuft?

Die Rechte an der „Internationalen", der linken Hymne, hat ein Kapitalist gekauft.
Chlodwig Poth hat genau hingehört, was das bedeuten könnte.

1975

pardon

Heft 9 · September 1975 · DM 4,–

C 7020 EX

PARDON schlägt Alarm:
Deutsche Beamte in Absturzgefahr!

Exklusiv in PARDON:
Was passiert, wenn ein deutscher Professor geistig hochfliegt?
Bericht über Deutschlands Universitäten

Ingrid Zwerenz:
Bloch privat

Poth über
Numerus clausus

Foto: Peter Williams · Printed in West-Germany · sfr 5,50 · öS 35,–

„Wie schaffen es nur diese Fallschirmspringer, immer mit den Füßen zuerst aufzukommen?"

September 1975

1976

Das Land ist ohne Schwung, stagniert, ist rückwärtsgewandt. Die alten deutschen Tugenden von Gehorsam und Anpassung haben wieder Konjunktur, neue Ideen sind nicht mehr gefragt. PARDON stiftet deshalb dem deutschen Volk einen National- preis, passend zum Zeitgeist: einen Arsch mit Ohren. Diesen trägt eine feierlich gewandete Delegation der Redaktion in fahnenschwingender Prozession zur bei Rüdesheim über dem Rhein thronenden Germania, um ihn dort zu enthüllen. Bildberichterstatterin Inge Werth marschiert mit.

Januar 1976

144

pardon
stiftet Nationalpreis

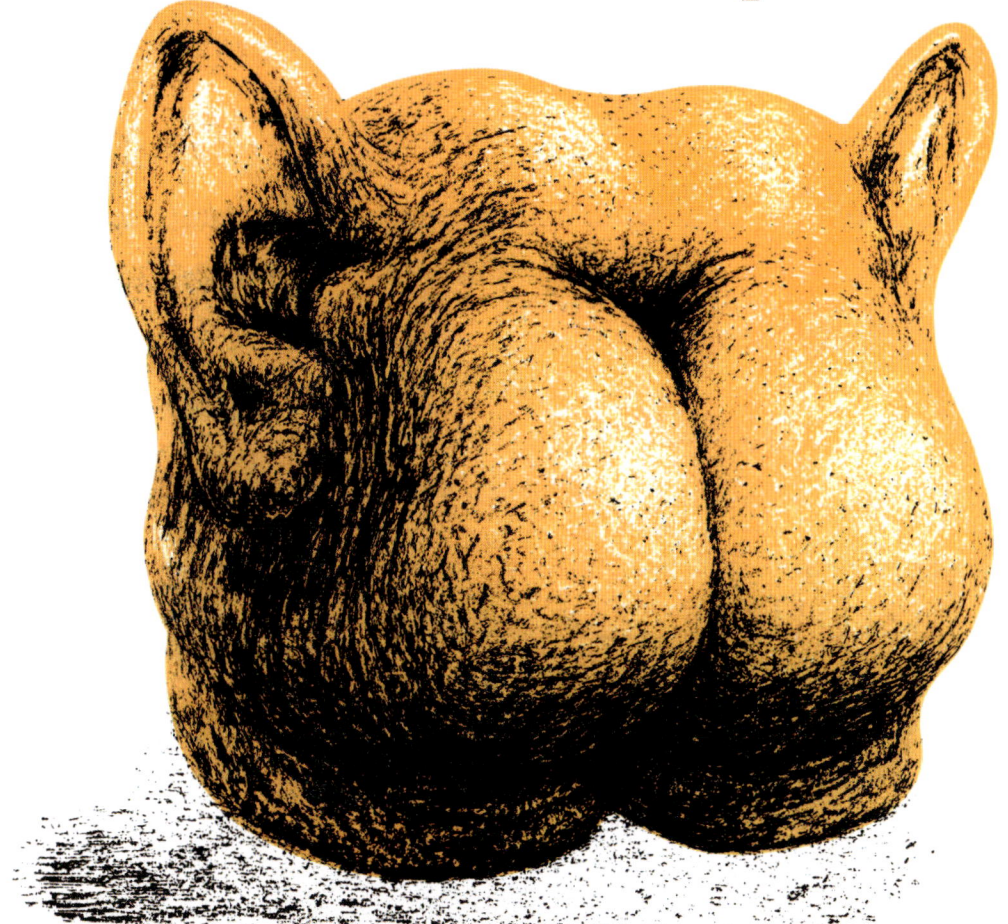

Wer sich anpaßt – gewinnt
Die neuen deutschen Ideale: Sich legen bringt Segen
Sei lieb im Betrieb • Lieber lecken statt anzuecken
Sei nicht dumm, mach Dich krumm.

Mai 1976

Forscher prognostizieren eine neue Eiszeit. Klimaforscher Hermann Matthes und Peter Lackhut bereiten die Bevölkerung schon mal auf die zu erwartenden Veränderungen bei sibirischen Verhältnissen vor.

Bei der Bundestagswahl fordert Helmuth Kohl (CDU) den amtierenden Kanzler Helmut Schmidt (SPD) heraus. Das Duo Jungwirth & Kromschröder begleitet die Auseinandersetzungen der Parteien Heft für Heft mit ihrer ständigen Kolumne „Wahlkampfkontor". Dort erteilen sie auch denen gute Ratschläge, die diese gar nicht hören wollen.

1976

v. l. n. r.: Februar, März, April und Juni 1976

VERBOTEN!

Der CDU-Vorsitzende Helmut Kohl als personifizierte freiheitliche Alternative – mit diesem satirischen Plakat ging PARDON nach Bonn. Aber ganz so frei mochte Helmut Kohl nun auch wieder nicht sein. Kaum waren die ersten 1000 Exemplare gedruckt (Format DIN A 1), kam das Verbot. Drei Einstweilige Verfügungen wurden vom Gerichtsvollzieher in die PARDON-Redaktion gebracht.

Freiheit statt Sozialismus

VERBOTEN!

Was hier abgedeckt ist, weil es nicht mehr gezeigt werden darf, ist der von PARDON-Zeichner Alex Ignatius unbefangen mitgemalte kleine Unterschied. Helmut Kohls Rechtsanwälte formulieren: „In diesem Plakat wird der Antragsteller in ungebührlicher und ehrkränkender Weise unbekleidet dargestellt ... die Herabwürdigung in der nackten Darstellung ... bis hin in intimste Details ... Ehre und Reputation ..."

VERBOTEN!

**Was hier abgedeckt ist, weil es zusammen mit dem Slogan „Freiheit statt Sozialismus" und der Abbildung Helmut Kohls nicht mehr gedruckt werden darf, sind die drei Buchstaben CDU.
Denn sie sind „so angebracht, daß der unbefangene Leser beim ersten Hinsehen meint, es handele sich um ein Wahlplakat der CDU". Zwar ändert sich das bei näherer Betrachtung, aber dennoch: „Namensverletzung".** ➤

PARDON, stets bei demokratischen Wahlen engagiert, hat als „Christlich-demokratische Wählerinitiative" ein von Alex Ignatius gemaltes Plakat in Umlauf gebracht. Es zeigt, wie auch auf dem Juli-Titel, den CDU-Kandidaten Helmut Kohl gemäß seinem Slogan „Freiheit statt Sozialismus" als fröhlichen, auf einer Strauß-Leier spielenden Faun. Doch Kohl verschmähte die PARDON-Unterstützung, bemühte die Gerichte und ließ den CDU-Schriftzug auf dem Plakat verbieten. Auch zwischen seinen strammen Oberschenkeln soll Ruh sein. Also bleibt verdeckt, wo sein kleiner Unterschied zu sehen war. Kohls Slogan verfing nicht, Wahlsieger blieb der andere Helmut, der Schmidt.

Juli 1976

FREIHEIT statt SOZIALISMUS

Nikolaus Jungwirth und Gerhard Kromschröder (links) zeigen anhand einiger alltäglicher Beispiele, was die CDU meint, wenn sie von „Freiheit" spricht, und was sie sich unter „Sozialismus" vorstellt.

Das Motto des CDU-Wahlkampfes, „Freiheit statt Sozialismus", hat viel Aufsehen erregt. Doch immer noch ist ungeklärt, was unter den beiden Möglichkeiten dieser CDU-Alternative zu verstehen ist. Was uns die CDU erhalten will, und wovor sie uns bewahren möchte, wird in der Gegenüberstellung der folgenden Bilder deutlich: Die CDU will, daß unser schönes Vaterland so bleibt, wie es ist (Bild links oben) und möchte verhindern, daß Deutschland sein Gesicht radikal verändert (Bild oben). Jetzt fällt die Entscheidung leicht: Würden Sie sich etwa im Bild oben wohlfühlen?

Selbst eingeführte Firmennamen werden im Sozialismus skrupellos zur Propagierung der Staatsideologie mißbraucht.

Die Vielfalt unserer Illustrierten-Titel wird im Sozialismus monoton sich wiederholenden Bildmotiven weichen.

Unsere unberührten Freizeitgelände werden im Sozialismus zum Exerzierfeld paramilitärischer Betriebskampfgruppen.

PARDONs Politanalysten Jungwirth & Kromschröder machen in prägnanten Bildbeispielen deutlich, was Deutschland droht, falls sich der Sozialismus des Landes bemächtigen sollte. Ein Horrorszenario.

1976

Nr. 8 · August 1976 · C 7020 EX

pardon

Sei deutsch! Mach mit!
Die neue Nationaltracht zur Wahl

Kohl verbietet pardon-Plakat

August 1976

Chlodwig Poth, der Cineast unter den PARDON-Zeichnern, hat schon

1976

v. l. n. r.: September, Oktober, November und Dezember 1976

1977

Februar 1977

Mit einem 48-seitigen, der normalen Ausgabe beigehefteten Sonderheft unterstützt PARDON die Bürgerinitiativen, die gegen Atomkraft angetreten sind. Dabei wird das Thema nicht nur prägnant satirisch behandelt, die Redaktion belegt auch, dass es durchaus Alternativen gibt zum Strom aus weiter neugebauten Nuklearfabriken: Sonnen-, Wind- und Wasserenergie.

pardon

Nr. 1 · Januar 1977 · C 7020 EX

Warum wir Atomstrom brauchen

Laokoon-Denkmal 77
oder Die Schwierigkeit
unseren eigenen Ansprüchen
zu entkommen

8 Seiten: Die Bayrische Volksbefreiungsarmee

Januar 1977

6. Aufgabe: Das Prinzip von Angebot und Nachfrage wissenschaftlich fördern

Um den Atomstrom verkaufen zu können, der ab 1982 reichlich zur Verfügung stehen wird, entwickelt Dr. Ing. Wessling von der ATOMAG schon heute die dazu dringend benötigten elektrischen Haushaltsgeräte.

Hans Traxler betätigt sich als Zukunftsforscher und prognostiziert, was dereinst in unseren häuslichen Alltag Einzug halten könnte – alles von modernem Atomstrom angetrieben.

1977

v. l. n. r.: April, Mai, Juni und Juli 1977

Jeder Mensch hat ein Recht auf seinen Atommüll!

Wie die von der PARDON-Redaktion gegründete Bundesatommüll-Verteilungsstelle dazu beitragen wird, die Entsorgungsprobleme der Kernkraftwerke zu lösen.

Februar 1977, mitten in einer westdeutschen Großstadt: unter dem Gedröhn von Sirenen fährt ein mit Atommüll-Fässern beladener Lastwagen auf einen belebten Platz in der City. Megaphone plärren den Passanten Befehle entgegen. Warnleuchten werden aufgestellt. Vom Wagen springen Männer mit weißen Schutzanzügen. Auf dem Kopf tragen sie Helme mit rotierenden Blinklichtern, auf der Brust als Emblem einen Bundesadler mit Totenkopf. Sie beginnen, die geladenen Fässer zu öffnen und deren Inhalt zu verteilen. Atommüll.

Schafft Atommüll-Deponien in jedem Haushalt!

Als erster Bundesbürger folgt Werner Finck (unser Bild) dem Appell, den anfallenden Atommüll in Wohnzimmer, Keller oder Küche zu lagern – und übernimmt gleich ein ganzes Faß davon.

Probieren geht über studieren

Die Bundes-Atommüll-Verteilungsstelle tritt im Frankfurter Stadtzentrum, an der Hauptwache, erstmals an die Öffentlichkeit. Hans A. Nikel warnt die Passanten davor, sich allzu viele Gedanken über Kernkraftwerke zu machen. Er fordert sie auf, sich von der Ungefährlichkeit radioaktiver Abfallstoffe zu überzeugen. Die ersten Atommüll-Proben werden behutsam aus einem sterilen Glasbehälter herausgehoben. Im Hintergrund raucht es bereits verdächtig.

Jedem Atomstrom-Verbraucher seine Atommüll-Zuteilung

Es gibt kein Halten mehr: zahlreiche Hände recken sich zum Wagen der KKW-Propagandisten empor – alle wollen sich eine Atommüll-Probe, in handliche Tragetaschen verpackt, mit nach Hause nehmen. Nichts scheint die Atomstrom-Euphorie bremsen zu können: weder die martialische Aufmachung der Verteiler, weder plötzlich ausbrechendes Sirenengeheul und aufflammende Blinklichter, noch der Tütenaufdruck (rechts).

Mit einer Aktion im Frankfurter Stadtzentrum demonstriert PARDON als „Bundes-Atommüll-Verteilungsstelle", wie das Problem des Nuklearabfalls zu lösen ist: Jeder Bürger erhält den strahlenden Müll entsprechend seiner Stromrechnung zur Aufbewahrung. Inmitten der behelmten Redaktionsmitglieder: PARDON-Pate Werner Finck, der schon bei der Gründung von PARDON 1962 ebenso dabei war wie Loriot, der das Titelbild der März-Ausgabe mit einem Knollennasen-Mann auf einem Öko-Heimtrainer verziert hat.

pardon

Nr. 3 · März 1977 · C 7020 EX

Strampelnd in die 80er Jahre
mit dem Energie-Spezial-Programm von PARDON!

Extra-Heft im Heft:
48 Seiten heiße Diskussion: Argumente, Alternativen, Provokantes, Plakate, Aktionsanleitungen

Titel: Zarbock/Loriot · Printed in West Germany · DM 4,– · sfr 5,50 · öS 35,– · Lfr 70,–

März 1977

Erich Rauschenbach
Fit ins Krankenbett
Immer mehr Trimm-Dich-Anhänger enden im Hospital

Überall, ob in der Stadt oder auf dem Land, ob im Wald oder zwischen Feldern, allenthalben sind Trimm-Dich-Pfade entstanden, auf denen geturnt wird, was das Zeug hält. Erich Rauschenbach sorgt sich um die Gesundheit der Fitness-Aktivisten.

1977

v. l. n. r.: August, September, Oktober und November 1977

Hans Traxler: Materialien zu einem neuen Hitler-Bild

Stille Tage am Obersalzberg

Hitler hat Hochkonjunktur. Galt er bisher vielen Menschen als Monster, so erfahren wir ihn jetzt mehr und mehr als einen zwar hochinteressanten, aber irgendwie normalen Menschen wie du und ich, mit Licht- und Schattenseiten. Die Juden zum Beispiel mochte er zwar nicht besonders, aber wenn es nach ihm gegangen wäre, hätten sie einen eigenen Staat bekommen und keinem wäre ein Haar gekrümmt worden. (Natürlich gab es ein paar üble Figuren um ihn herum.)
PARDON zeigt hier weltexklusiv einige bisher unveröffentlichte Szenen aus Hitlers geliebtem Feriendomizil, dem „Berghof" in den bayrischen Alpen.

Im Grunde war Hitler ein weichherziger Mensch mit einer ausgeprägten Tierliebe

Im Urlaub wollte er, wie wir alle, nichts von Politik wissen

Überhaupt war er mehr Künstler, Bohemien, als Diktator

Trotzdem gelangen Hitler dank seines Charmes manchmal kleine diplomatische Erfolge

Obwohl Vegetarier, war er einem guten Tropfen nie abgeneigt

Sein Liebes- und Eheleben mit Eva Braun war denkbar normal

Sein bohemienhafter Schlendrian führte schließlich zu kriegsentscheidenden Fehlern

Himmler war ihm immer rätselhaft; er wußte nie genau, was die schwarze Eminenz im Schilde führte

Neue Veröffentlichungen suggerieren, dass Adolf Hitler ganz anders war, viel menschlicher. Hans Traxler ist diesem Trend gefolgt und prognostiziert, welche Enthüllungen noch auf uns zukommen werden.

1977

Nr. 12 · Dezember 1977 · DM 4,- C 7020 EX

pardon

Mogadischu macht Mode:

Helden auf die Brust!

Pardon präsentiert die tollsten Geschenke aus der GSG-Boutique

Jean Améry: Wie links kann ich heute noch sein?

Bild: Vormwald · Printed in West Germany · sfr 5,50 · öS 35,- · Lfr 70,-

Dezember 1977

1978

Januar 1978

Das Fernsehen der Bundesrepublik feiert seinen 25. Geburtstag. Otto Waalkes feiert vor der Kamera von Gerhard Vormwald freudig mit, indem er in die Rollen verschiedenster TV Stars schlüpft – ob als Tagesschau Sprecher, Fernseh-Pfarrer oder Ruski-Sänger Ivan Rebroff. Und als James Bond macht er auch was her.

pardon

Nr. 3 · März 1978 · DM 4,–

C 7020 EX

Das zeigt kein Sender:
Otto rollt das Fernsehen auf
Die große PARDON-Show zum 25. TV-Jubiläum

Hätt'st Du das gekonnt, James Bond?

Hans A. Nikel über die TM-Leute:
»**Ich sah sie fliegen!**«

März 1978

Kaufhäuser beklagen Umsatzeinbußen durch Diebstahl. Hermann Matthes hat zwischen den Verkaufsregalen recherchiert, wer klaut und welche Tricks es dabei gibt.

Eine Woche lang hat sich PARDON-Mitarbeiter Werner Gross in Frankfurt unter die Abgehängten der Stadt gemischt, deren Wege sich in der B-Ebene der Hauptwache kreuzen: die Obdachlosen, Ex-Knackis, Penner, Trinker und Bettler. Die Exkursion ins gesellschaftliche Abseits gestaltete sich für den Autor härter als erwartet. Gross' Resümee seiner Zeit als Stadtstreicher: „Betteln ist ein schweres, selbstzerstörerisches Geschäft."

1978

v. l. n. r.: Februar, April, Mai und Juli 1978

MEINE UNHEIMLICHE BEGEGNUNG DER DRITTEN ART

Eine Nacht und zwei Tage unter den Deutschen, deren Vorbild eine besondere Form von Demokratie ist: das Dritte Reich

Kein nächtlicher Spuk, keine bombastische Szene aus Wagners „Götterdämmerung", kein historisches Bild aus der Hitler-Zeit, keine Inszenierung für einen Science-fiction-Film, sondern politische Realität aus dem Jahre 1978: NPD-Sympathisanten vor ihrem Abmarsch zu einem Fackelzug am Niederwalddenkmal bei Rüdesheim am Rhein.

Bericht und Fotos von Gerhard Kromschröder

Freitagabend

Morgen ist ein großer Tag. Und ich werde dabei sein.

Nach kurzem Zögern drücke ich in der Straße „Hinter der Schönen Aussicht" beim Haus Nr. 5 den Klingelknopf neben dem grünen Plastikschild mit der Aufschrift „NPD". Die Tür öffnet sich automatisch, das Flurlicht geht an.

Im ersten Stock des Mehrfamilienhauses treffe ich zwei junge Männer in Lederjacken. Einer von ihnen trägt Fallschirmjäger-Stiefel und zum Schwarzhemd eine Koppelschnalle mit SS-Totenkopf.

Sie sind gerade damit beschäftigt, NPD-Transparente zusammenzuzimmern für die morgige Kundgebung am Niederwalddenkmal zum 17. Jahrestag des Baus der Berliner Mauer. Es wird eine Demonstration für Großdeutschland werden, wie ich der auf dem Kundgebungs-Aufruf abgebildeten Karte Deutschlands in den Grenzen von 1939 entnehmen kann: Da gehört die DDR zu uns, und Teile der CSSR, Polens und der Sowjetunion sind ebenfalls deutsch.

Ich sage: „Mein Name ist Gerhard Kromschröder, und ich möchte mehr über die NPD erfahren, als in den Zeitungen steht."

Lothar Lauck, bärtiger Landesvorsitzender der „Jungen Nationaldemokraten Hessen", mustert mich skeptisch. Ich trage mein graues Bundeswehrhemd und schwarze Wrangler-Cordjeans. Laucks Prüfung scheint positiv ausgefallen zu sein. Er sagt: „Da haben Sie aber Glück, daß Sie uns überhaupt heute noch antreffen." Ich: „Ja, wenn man so will."

Wir verabreden uns für den nächsten Tag, um gemeinsam zum Rhein zur

„Macht den Volksverrätern Dampf, nationaler Freiheitskampf"

Im Angesicht des Denkmals der martialischen Germania wird zum Höhepunkt „Deutschland, Deutschland über alles..." gesungen.

nächtlichen Kundgebung am Niederwalddenkmal zu fahren. Lauck: „Es geht aber schon am Nachmittag los, weil wir noch die ganzen Sachen aufbauen müssen. Dabei können Sie uns ja helfen. Bringen Sie Ihren Schlafsack mit, wenn Sie dort mit uns übernachten wollen." Ich will.

Zum Abschied versorgt mich Lauck gleich packenweise mit Propagandamaterial der NPD: „Lesen Sie mal, vielleicht erfahren Sie da mehr über uns." Und da lese ich dann zum Beispiel in „Pfeil", der Zeitung der „Jungen Nationaldemokraten": „Weg mit den alten System-Parteien - hin zu einer neuen Bewegung!"

Samstagnachmittag

Ich bin dem Materialwagen zugeteilt und habe meinen Schlafsack in dem Ford-Transit verstaut, der mit NPD-Parolen („Umdenken - umschwenken - NPD wählen") beklebt ist. - Jetzt gibt es so schnell kein Zurück mehr.

Gespräche vor der Abfahrt.

Junge Nationaldemokraten unterhalten sich. Der 16jährige Peter*) aus Darmstadt bemerkt bei meinem Mitfahrer Bernd, daß aus dessen kleinem ledernem Herrentäschchen ein schwarzer Dolchgriff herausragt. Peter zieht ihn heraus, prüft ihn mit Kennerblick und weist schließlich verächtlich auf die in den Griffschalen eingelassene dreiblättrige Lilie: „Oooch, das ist ja nur ein Pfadfinder-Messer." Und stolz: „Ich habe zu Hause aber einen echten HJ-Dolch mit Hakenkreuz."

Bernd verteidigt sich hastig: „Einen Hitlerjugend-Dolch hab' ich auch. Ist aber nicht gut, wenn ihr gefilzt werden."

„Jetzt einem Roten die brennende Fackel in den Arsch schieben"

Teilnehmer der nächtlichen NPD-Demonstration beim Entzünden der Fackel (unten) und Agitations-Zeichnung aus der NPD-Zeitung „Der Pfeil" (oben).

*) Die Namen der Beteiligten sind, sofern es sich nicht um Funktionäre handelt, von der Redaktion geändert.

Flamme empor!

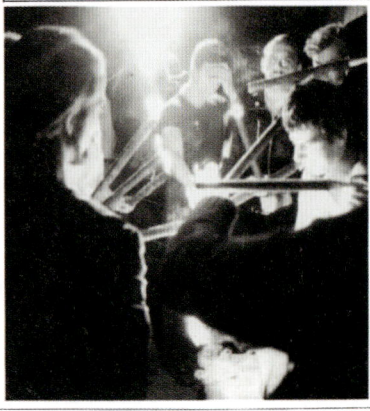

PARDON-Redakteur Gerhard Kromschröder ist undercover unterwegs, folgt den Spuren der Nazis, die sich am Fuß des Germania-Denkmals bei Rüdesheim am Rhein zu einer nächtlichen nationalen Feierstunde zusammenrotten. Er hat sich bei der NPD eingeschlichen und erlebt als Teilnehmer einer Parteidelegation, wie dort Judenhass gepredigt und zur Gewalt gegen politische Gegner angestachelt wird. Den Worten werden Taten folgen. Bevor er enttarnt wird, kann sich PARDONs falscher NPD-Mann absetzen.

pardon

Nr. 6 · Juni 1978 · DM 4,–

Fußball 1978

So kommen Sie in Bombenlaune!

PARDON-Extra:
16 Seiten zum
Leben mit der
Weltmeisterschaft

Wir schaffen uns den neuen Menschen
Großer Farb-Report über die Möglichkeiten der Bio-Ingenieure

Juni 1978

**Vorschlag des PARDON-Workshops für eine Anzeige
in einer Publikumszeitschrift,
wobei die äußeren Erscheinungsbilder von Scheck und Geld
der gewünschten Aussage entsprechend einprägsam gegenübergestellt werden.**

Sie haben die Wahl.

Sicher, es fällt nicht immer leicht, von Vertrautem Abschied zu nehmen. Aber wenn die Entscheidung so klar auf der Hand liegt wie hier, kann es keine Qual der Wahl geben.

Ihre Partner■Bank

Scheck – weil's sauber ist

Die Bundesbürger tun sich schwer, auf ihr geliebtes Bargeld zu verzichten, obwohl die Banken Barabhebungen vom eigenen Konto neuerdings gebührenpflichtig gemacht haben. Ein PARDON-Workshop greift den Banken bei der Durchsetzung eines verstärkten bargeldlosen Zahlungsverkehrs kreativ unter die Arme, indem er für sie eine Werbekampagne mit prägnanten Motiven entwickelt und die elegante Scheckkarte anstelle schmutzigen Bargelds propagiert.

1978

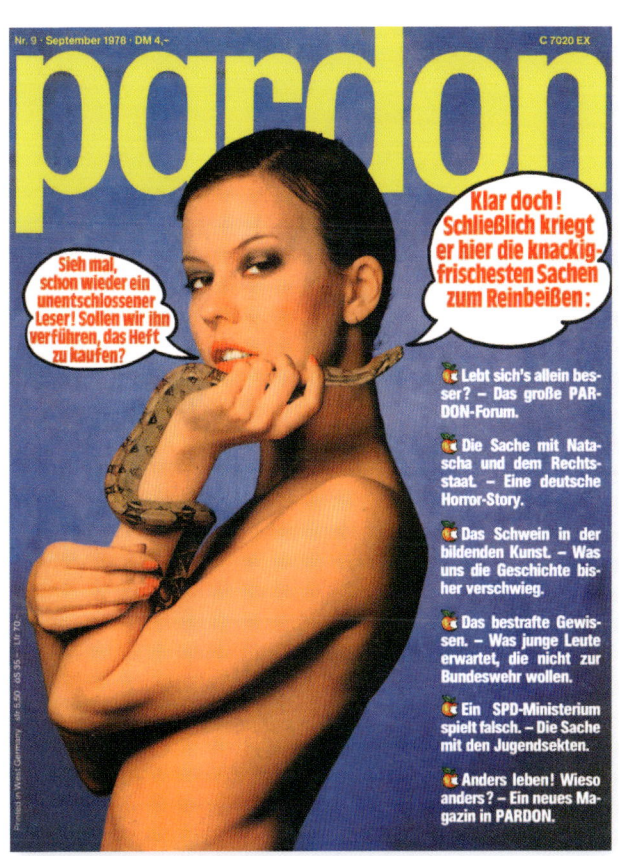

v. l. n. r.: August, September, Oktober und November 1978

Ist Bonn noch zu retten?

Ein PARDON-Workshop zeigt CDU, SPD und FDP, wie sie mit den Grünen fertigwerden können

Die Sitzung beginnt ganz normal – ihr schreckliches Ende ist nicht vorauszuahnen...

Das aus drei Personen bestehende Workshop-Team trifft sich in der PARDON-Redaktion zu seiner ersten Sitzung.

Hensberger *(rückt seine Krawatte zurecht, ordnet die vor ihm liegenden Papiere und beginnt nach einem Raucher-Räuspern):* Also, meine Herren, das heutige Thema ist Ihnen schriftlich mitgeteilt worden und aus der Tagespresse sattsam bekannt: Die Erfolge der Grünen beziehungsweise Bunten Listen der Umweltschützer haben die etablierten Parteien in die Klemme gebracht. Wie könnten sie die Attraktivität, die der Umweltschutz langsam beim Wähler zu gewinnen scheint, auch für sich nutzen und damit den Grünen und Bunten die Wählerstimmen wieder abjagen?

Paltz *(vergißt für einen Moment, sich weitere Locken in seine Papuamähne zu drehen):* Also, ich seh' das alles schon vor mir: Bonn im neuen Öko-Look! Zum Beispiel Umwelt-Appeal im Bundestag durch eine Batterie Lorbeer-Bäumchen am Rednerpult, die Regierungsbank mit ehrwürdigem Efeu überwuchert, auf den Oppositionsbänken langmorige rote Rosen, vor allen FDP-Sitzen Blumenkisten mit wohlriechenden Vergißmeinnicht, in der Bundestagslobby statt dicker Perser ein weicher Waldteppich aus sauerländischen Tannennadeln...

Kunert *(weist gekränkt auf die Zahlenkolonnen, die er sich mit dicken Filzstiften in den verschiedensten Farben auf seinem Stenoblock notiert hat):* Vielleicht sollten wir aber erst einmal die Wahlen in Niedersachsen und Hamburg systematisch analysieren, um daraus unsere logischen Schlüsse zu ziehen.

Paltz *(hat den Einwand, der ihn in seinem Redefluß bremsen sollte, lediglich dazu benutzt, seine Gedanken neu zu ordnen,*

Verdammt, wenn der Apel sich doch nur mit zwei P schreiben würde, dann könnte auch die SPD so ein schönes Plakat in dieser Richtung machen!

Vom PARDON-Workshop als beispielhaft gelobte Werbedrucksachen der etablierten Parteien: schöner blauer Himmel, blühende Bäume und viel, viel Grün.

Ein Vorschlag des PARDON-Workshops für drei Plakat-Entwürfe, bei denen die natürlichen Namens-Ressourcen der Parteien konsequent ausgeschöpft werden.

Hermann Matthes zeichnet:
PARDONs START-CARTOON

„Was, und davor sollen wir Angst haben?"

Workshop-Vorschläge für die neue grüne Image-Werbung der Bonner Parteien mit religiösen Motiven für die CDU (oben) und Slogans aus der Werbung für die SPD (unten).

Ach, sind das schöne Bilder – aber soll ich die deshalb gleich wählen?

tieren, weil sowas ja, wie wir erkannt haben, im Moment bei den Wählern gut ankommt.

Paltz: Ja, grün mit vielen Blumen, so richtig mit Fleurop-Touch...

Hensberger: Und Sie, Herr Kunert, Sie überlegen doch bitte einmal ein paar Slogans für eine solche Kampagne.

Zweite Sitzung des PARDON-Workshops. Hensberger hat einen Dia-Projektor mitgebracht.

Hensberger *(geschäftig):* Die Aufgaben waren klar. Paltz: Mitarbeiter-Ankurbelung. Kunert: erste Überlegungen für einen zugkräftigen, wirkungsvollen Slogan.

Kunert: Ich habe hier also einmal etwas aufgeschrieben...

Vom PARDON-Workshop entworfener FDP-Button (oben) und Allparteien-Plakat (links).

Umweltinitiativen verzeichnen Zulauf, grüne Politik hat Konjunktur. Die etablierten Parteien bangen um ihre Pfründe und stellen sich die Frage, ob sie ihre Politik ändern sollen. Ein PARDON-Workshop gibt Tipps, wie CDU, SPD und FDP grüne Wähler auf den Leim locken können, ohne ihre tatsächlichen Inhalte zu verleugnen. Mancher utopisch erscheinender Vorschlag wird von der Wirklichkeit eingeholt.

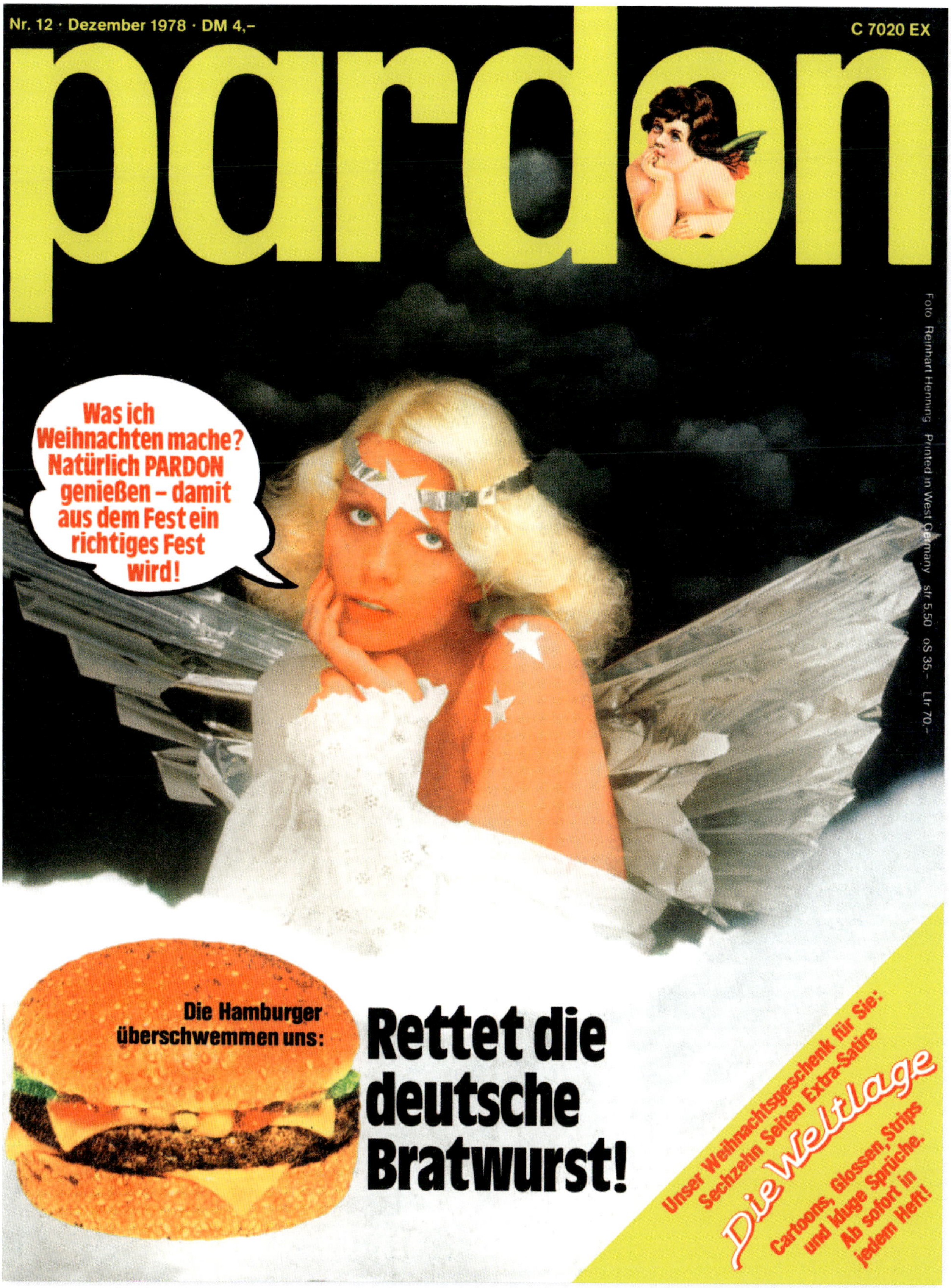

Dezember 1978

1979

Februar 1979

Ob Sicherheit im Straßenverkehr, Chemische Keule oder maritime Kriegsführung – PARDON-Zeichner Stano Kochan weist nach, wo überall die Natur dem Menschen Vorbild und Hilfe sein kann.

Januar 1979

»Ich lagere Brennstäbe, weil Radioaktivität die einzige Aktivität ist, die der Verfassungsschutz nicht bespitzelt.«

Aktion Endlösung. Brennstäbe für alle.

Bei der Suche nach einer Endlagerstätte für Atommüll nimmt es Hans A. Nikel freudig auf sich, Brennstäbe zu verwahren – eine glänzende Idee, die den PARDON-Chef strahlen lässt.

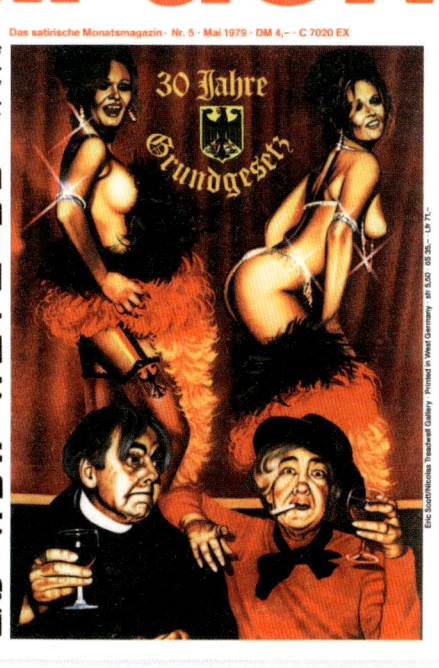

v. l. n. r.: März, April, Mai und Juni 1979

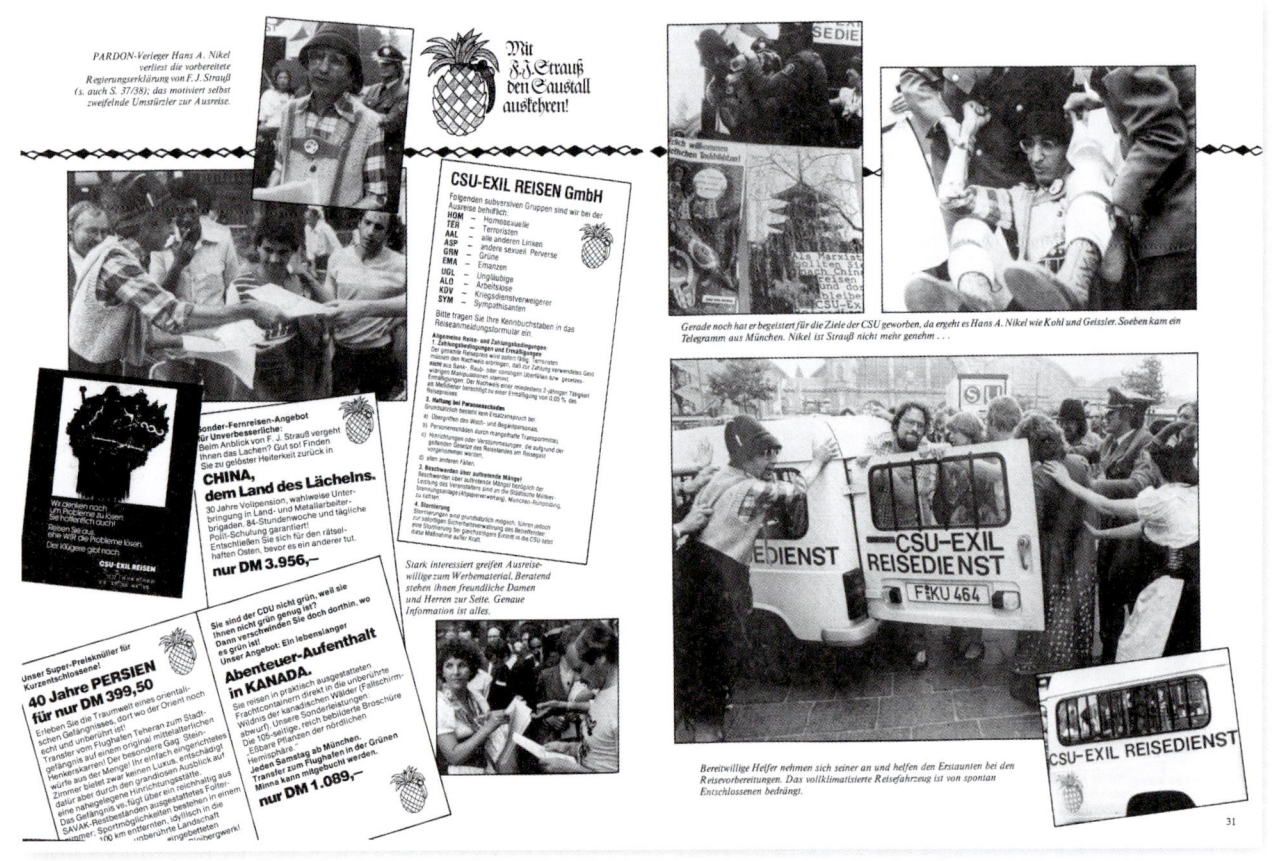

Den Worten sollen Taten folgen. Franz Josef Strauß, der zum Kandidaten der Union für die Bundestagswahl gekürt worden ist, um dabei gegen Helmut Schmidt anzutreten, hat oft genug erklärt, dass er den Saustall Bundesrepublik ausmisten werde. PARDON folgt seinen Worten und inszeniert vorm Frankfurter Hauptbahnhof einen „CSU-Exil-Reisedienst". Dabei soll verfassungsfeindlichen Strauß-Gegnern nachgeholfen werden, das Land zu verlassen. Auch PARDON-Chef Nikel wird reisefertig gemacht – wen wundert's?

pardon

Das satirische Monatsmagazin · Nr. 8 · August 1979

DM 4,- · C 7020 EX

RAMMELN? NEIN DANKE!

EROTIK? JA BITTE!

„Ich höre gerade, daß PARDON den Strauß gerichtsnotorisch beleidigt hat!"

Das Thema: Lust ohne Frust. Die neue Erotik.

Lindenberg über Rock & Politik.

Tolkien im Kino.

Die Pardon-Aktion zu Strauß: CSU-Exil-Reiseservice

August 1979

„Wenn Strauß Kanzler wird, geh ich nach Alaska zum Ananaszüchten."

Collage: Osnur Kalender

Die Bundestagswahl 1980 wirft ihre Schatten voraus. Sollte der amtierende Kanzler bereits Reisepläne haben?

v. l. n. r.: Juli, September, November und Dezember 1979

Gold – dem Chaos keine Chance

Gold – die Zukunft in Deiner Hosentasche

Eine globale Inflation geht um, die Deutsche Mark verliert an Wert, feste Werte sind gefragt: Gold! PARDON erweist sich als Fachblatt für sichere Geldanlage und brilliert mit praxisnahen Tipps beim Einsatz der eigens kreierten Edelmetall-Währung „Gold-Nikel".

Jeder wohnt, wie er will, wie er kann. Manche wohnen in Einfamilienhäusern, etliche in Etagenwohnungen, andere bevorzugen eine WG – eine Wohngemeinschaft, wie sie sich mit der Studentenrevolte etabliert hat. Keine Wohnform wird so heiß diskutiert wie sie. „Werner"-Zeichner Brösel war keine Stiege zu steil, um am Beispiel eines mehrgeschossigen, von WGs bewohnten Hauses Phantasie und Wirklichkeit über diese neue Wohnform gegenüberzustellen.

Oktober 1979

pardon

Das satirische Monatsmagazin · Nr. 10 · Oktober 1979

Strauß 1980?
PARDON im Exil?

Vorhang auf: die Pardonellis sind dran!

Aktion: Satire morgen

Jetzt öffnen wir die Psycho-Kiste!

Beziehungsknatsch? Wir helfen gleich!

Mehr Lust an die Uni!

PARDON-Preis für Konsalik, Böll, Zwerenz!

1980

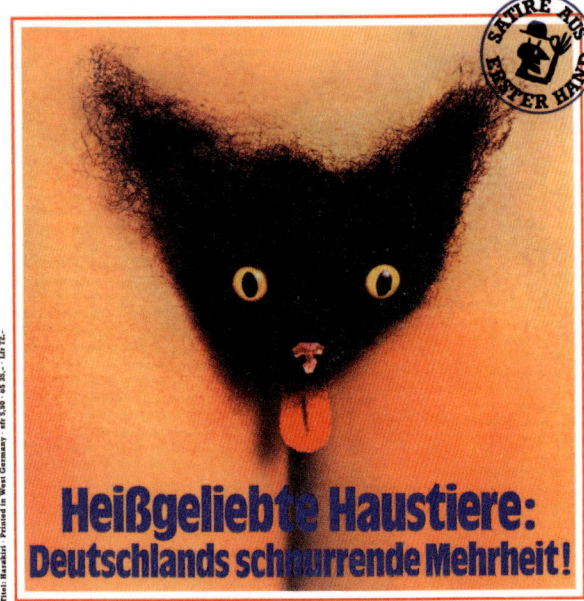

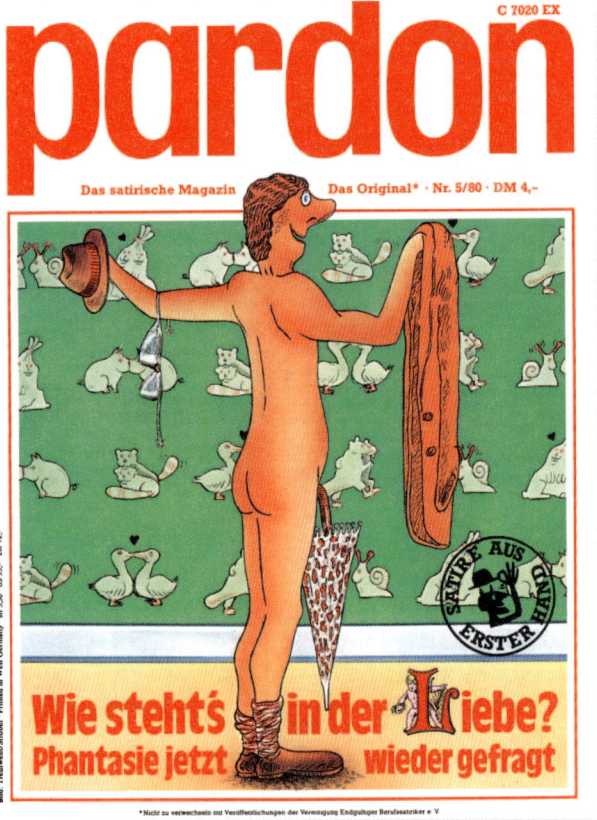

v. l. n. r.: Februar, März, April und Mai 1980

pardon

1980

Das satirische Monatsmagazin · Nr. 1 · Januar 1980 · DM 4,- · C 7020 EX

Neueste Allensbacher Erhebung: Pro Heft **1,84 Millionen Leser**

Die 80er Jahre: Ganz anders, als Sie denken!

Bild: Manfred Deix · Printed in West Germany · sfr 5,50 · öS 35,- · Lfr 72,-

Januar 1980

Erdbeben in Bonn: Die herkömmliche Form der Politik ist ins Wanken geraten, im Bundestag ist die Hölle los. T.M. Bunk berichtet exklusiv.

1980

v. l. n. r.: Juni, Juli, August und September 1980

pardon

Das satirische Magazin · Das Original · DM 4,- · Nr. 10 · Oktober 1980 · C 7020 EX

Wechsel nach 18 Jahren
Machs gut, machs besser, Henning Venske!

Oktober 1980

1980–1982

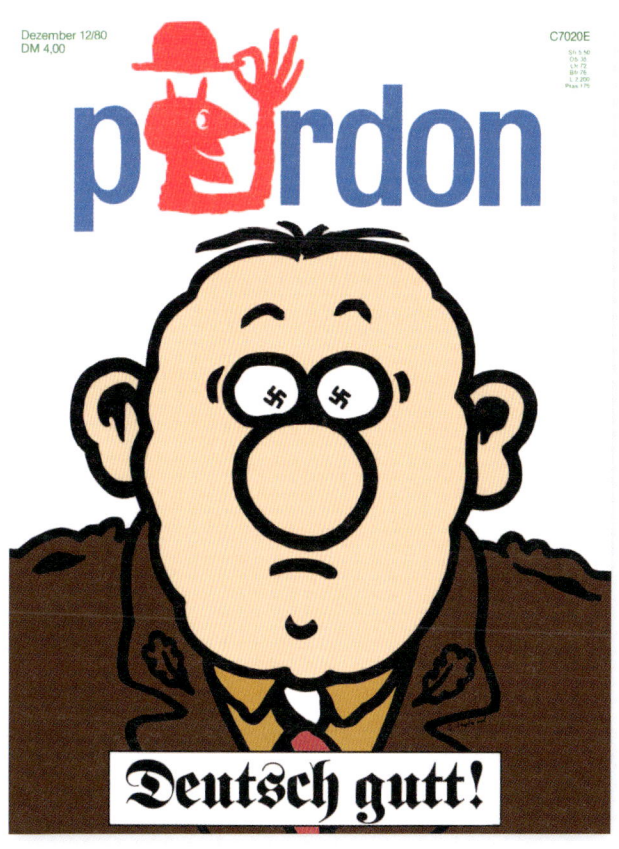

Mit dem Oktoberheft 1980 (links) gibt PARDON-Gründer Hans A. Nikel das Heft nach 18 Jahren ab. Es erscheint künftig in einem neuen Verlag, und Chefredakteur der neuen, in Hamburg beheimateten Redaktion wird Henning Venske. Nikel kehrt zu seinem Taufvornamen Johannes zurück, promoviert in Philosophie mit einer Arbeit über Meister Eckart und betätigt sich als Bildhauer. Venskes PARDON kann an den Erfolg des Frankfurter Vorläufers nicht anknüpfen und wird im Juli 1982 eingestellt.

Nach 2000 gibt es eine Reihe von satirischen Heften, die unter dem Namen PARDON firmieren, doch alle schaffen es nicht, kontinuierlich zu erscheinen. PARDON-Gründer Nikel stirbt im Dezember 2018 in Bad Homburg.

INNENANSICHTEN

PARDON-VETERANEN ERZÄHLEN, WIE SIE DAZUSTIESSEN, WAS SIE ANTRIEB, WARUM SIE GINGEN

Polizisten ohne Schuhe und Andreas Baader
Jaguar-Fahrer **Herbert Feuerstein** in Frankfurt zwischen Hausbesetzern und ungebetenen Party-Besuchern

Mit meinem recht ordentlichen Monatsgehalt, das ich Nikel abgeluchst hatte, weil ich ja „aus New York" kam, konnte ich mir eine recht ordentliche Wohnung leisten: das Untergeschoss einer fast schon pompösen Altbau-Villa in der Frankfurter Schwindstraße mit drei riesigen Räumen und so hohen Wänden, dass die Bücherwand, die ich mir damals fürs Arbeitszimmer anfertigen ließ, seither bei jedem Umzug oben um dreißig Zentimeter abgesägt werden musste, weil die Wohnräume immer niedriger wurden.

Ich war in eine unruhige Zeit geraten. Überall knisterte es im Gebälk der alten Strukturen. Die Spontis begannen Hausbesetzungen, im Zentrum Frankfurts tobten Straßenschlachten, und Joschka Fischer benutzte als Argument bei politischen Auseinandersetzungen damals noch Pflastersteine. Einmal wurde ich Zeuge einer gespenstischen Szene direkt vor meinem Fenster: Da funkelten und blitzten in den frühen Morgenstunden unzählige blaue Lichter durch die Scheiben, ohne dass der geringste Laut zu hören war. Dutzende Polizisten schlichen den Gehsteig entlang und boten ein groteskes Bild, weil sie alle ihre Schuhe ausgezogen hatten und in der Hand trugen, um jedes Geräusch zu vermeiden. Dann plötzlich Gebrüll und Chaos, der Sturm auf das von Studenten besetzte Haus gegenüber hatte begonnen. Im Nu war es geräumt, man hatte die Hausbesetzer im Schlaf überrascht. Halbnackt, in Unterwäsche wurden sie abgeführt. Worüber ich bis heute rätsle: Hatten die Polizisten vor dem Zugriff ihre Schuhe wieder angezogen, oder stürmten sie in Socken? Und hatten die Hausbesetzer ihre Buden deshalb so schnell geräumt, weil sie vor Lachen keinen Widerstand leisten konnten?

Mittendrin stand mein weißer Jaguar. Zwar hatte er keinen Kratzer abbekommen, dafür aber umso mehr Kritik. „Ein Revolutionär fährt sowas nicht", hörte ich von allen Seiten. Mein Einwand, dass die Herstellung eines Jaguars fünfmal so viel Arbeiter ernährt wie die eines Citroën 2CV wurde von den verbiesterten Ideologen verworfen. Ihnen war nach Umsturz zumute, nicht nach meinen Witzen.

In Nikels Landhaus, idyllisch und abgeschieden am Rand des Spessarts gelegen, erlebte ich auf einem Betriebsfest eine Fast-Konfrontation. Die Party war auf dem Höhepunkt, als es nach Mitternacht klingelte und Nikel mit blassem Gesicht verkündete: „Andreas Baader steht vor der Tür und will Geld für seine ‚Hilfe für junge Strafgefangene'." Als Neuling hatte ich nicht die geringste Ahnung, worum es ging, wurde aber schnell aufgeklärt. Gemeinsam mit ein paar Kumpanen tauchte Baader neuerdings uneingeladen auf privaten Veranstaltungen auf und forderte „Spenden". Wer sich widersetzte, musste damit rechnen, dass er sich mit seinen Leuten unter die Gäste mischte, was dann immer auf Kosten von Geschirr und Einrichtung ging. Also sammelten wir eiligst Lösegeld. Baader war damals noch bescheiden, der gängige Kurs, um in Ruhe gelassen zu werden, lag bei 50 Mark. Was hätten wir sonst tun sollen? Die Polizei hätte für die Anfahrt wenigstens eine halbe Stunde gebraucht, und Nikels Haus hatte viele Fensterscheiben.

Herbert Feuerstein, geboren 1937 in Zell am See (Österreich), gestorben 2020 in Erftstadt bei Köln, war u.a. Korrespondent von PARDON in New York, bevor er 1969 in Frankfurt die Leitung der Buchsparte beim Verlag Bärmeier & Nikel übernahm, wo auch PARDON erschien. 1971 wurde er Chefredakteur der deutschen Ausgabe des satirischen US-Magazins MAD und war ab 1990 im Fernsehen aktiv, wo er besondere Popularität durch die Sendungen mit Harald Schmidt erlangte. – Der vorstehende Text ist seiner Autobiographie „Die neun Leben des Herrn F." entnommen.

Musik und Literatur: Herbert Feuerstein begleitet eine Lesung seines österreichischen Landsmanns Wolfgang Bauer an der Orgel
[Foto: Deutsches Kabarettarchiv Mainz]

Wenn aus Satirikern Spökenkieker werden
Rainer Baginski über wiederauferstandene tote Soldaten und andere Übersinnlichkeiten

Es war an einem Abend, den ich nicht mehr datieren kann. Er fiel in meine PARDON-Jahre, es muss 1967 gewesen sein. Wir hatten begonnen, uns in unregelmäßigen Zeitabständen abends zu treffen, mit unseren Frauen. Wir – das war die PARDON-Redaktion, und es waren vor allem die wichtigen freien Mitarbeiter. Also Kurt Halbritter, Chlodwig Poth, Hans Traxler, Robert Gernhardt, Friedrich Karl Waechter, F. W. Bernstein. Auch Eckhard Henscheid, der eines Tages zum unübertrefflichen Chronisten der tollkühnen Machenschaften dieser Jahre avancieren würde, tauchte bereits bisweilen auf.

An jenem Abend vermissten wir Poth. Er kam später und war ganz außerordentlich erregt, ein Zustand, für den er eine ausgesprochene Tauglichkeit mitbrachte. Im Grunde war er ständig auf das Allernachhaltigste erregt. (In diesem Zustand dürfte er später auch eines seiner Hauptwerke geschaffen haben, den so voluminösen wie unterhaltsamen Zeichenroman „Fünfzig Jahre Überfluss", sein beißendes Diktum über die Werbung, dessen Hauptfigur Rolf Rainer Roginski unschwer am Namen erkennbar aus dem ehemaligen Cheflektor von B&N und jahrelangem Mitglied der PARDON-Redaktion Wolf Dieter Rogosky und mir montiert ist.)

Wir entnahmen Poths flammend erregtem Bericht, dass ihn der Verleger und Chefredakteur Hans A. Nikel, A. für Alfons, zu einer Sonderbehandlung zurückbehalten hatte. Nikel war kurz zuvor zum willfährigen Opfer einer überraschenden Bekehrung geworden, die sich nur schwer mit seinem Satirikertum vertrug. Er war mit parapsychologischen Phänomenen in Berührung gekommen, es begann gerade die große Zeit eines Professors in Freiburg mit Namen Hans Bender, der als erster solche okkulten Vorgänge wissenschaftlich adelte. Das hatte Nikel enorm beeindruckt und auf die nicht sehr gute Idee gebracht, darüber in PARDON zu berichten. Ernsthaft bitte, meine Herren. Und das sollten ihm seine Satiriker leisten, die nicht zuletzt für PARDON schrieben, um derlei unkomischen Anträgen andernorts zu entkommen.

Wobei wir alle damals sofort empfanden, dass mit dieser thematischen Entfremdung, weg vom Kerngeschäft der Satire, der Abstieg von PARDON seinen Anfang nahm. Was sich dem Herausgeber und Chefredakteur aber nicht mitteilte, der setzte voll überschwänglicher Emphase auf Esoterik und Poltergeister und damit das Blatt, das vorher ein völlig anderes, antispekulatives Publikum bedient hatte, in ziemlich kurzer Zeit in den Sand. Die Chronistenschaft verpflichtet mich, an dieser Stelle nachzutreten und wenigstens noch von einer weiteren Lebensstation Nikels zu berichten, denn irgendwie kommt darin der verdrehte Geist jener Jahre zum Ausdruck, an dem Städte wie Frankfurt dank Personen wie Hans A. Nikel ganz besonders schwer zu tragen hatten.

Nach dem ökonomischen Aus für das Satireblatt hatte der nämlich zunächst den alttestamentarischen Namen Johannes an sich wiederentdeckt und, mit dieser neuen, spirituell großzügiger bemessenen Identität versehen, unverdrossen den akademischen Grad eines Dr. phil. erworben, mittels einer grenzwissenschaftlichen Promotionsarbeit über den Mystiker Meister Eckhart – verheißungsvoller Titel „Annäherung an das ganz andere". Sodann war der Mann zügig und hemmungslos zum Künstler mutiert und als Bildhauer zu großer Form und geradezu kaninchenhafter Fruchtbarkeit aufgelaufen.

Nikel hatte an diesem Tag also versucht, Chlodwig Poth, den starrköpfigsten und resistentesten Rationalisten von allen, in sein wackliges Boot zu ziehen. Aber da war er, wen wundert es, an den Falschen geraten. Nach Chlodwigs Erzählungen hatte Nikel ihn bedrängt zuzugeben, dass auch er, Poth, bereits Dinge erlebt habe, die er sich nicht erklären könne. Chlodwigs Antwort verdient es, auf ewig in Ehren gehalten zu werden. „Ja, Hans", hatte er nämlich entgegnet, „damals im Krieg in Dresden, da hatten wir im Hauptbahnhof eine weibliche Bedienung; wenn wir der fünf Mark gegeben haben, dann hat sie für uns mit den Arschbacken Nüsse geknackt. Das habe ich mir nie erklären können." Ein Fall für Professor Bender?

In die allgemeine Erheiterung hinein hatte dann aber Robert Gernhardt sehr leise und entschieden gesprochen, und dieser Mensch verfügte immer über eine für mich zutiefst eindrucksvolle und rätselhafte Autorität über alle anderen, egal, wen. Ihm hörte unerklärlicherweise jeder stets völlig stumm und respektvoll zu. So auch jetzt. Ich im Übrigen auch. Jedenfalls hatte Gernhardt seinem Freund und Kollegen Poth in milden und gesetzten Worten zu verstehen gegeben, dass es doch aber wirklich manchmal so sei, dass man sich etwas nicht erklären könne. Jedem passiere irgend so was irgendwann einmal; er Gernhardt, habe zum Beispiel … Und Gernhardt erzählte irgendeine Geschichte mit leisem Gruseleffekt, die er erlebt haben wollte und an die ich mich auch beim besten Willen nicht mehr erinnern kann.

Dann kam Hans Traxler mit einer Begebenheit heraus, die ihm angeblich als Fünfzehnjährigem in den letzten Kriegsmonaten im Böhmerwald zugestoßen war, einer Begegnung mit einem rundum lebendigen Soldaten, den er tags zuvor jedoch schon richtig tot im Wald hatte liegen sehen, langsam drehte sich die Stimmung unter den Anwesenden, wurde spökenkiekerisch, allmählich verging den Lachern das Lachen, auch mir.

Nikel hätte das bestimmt enormen Auftrieb gegeben, besonders als Bernstein mitteilte, eine übersinnliche Geschichte habe er nicht zu bieten, aber er könne uns etwas zeigen. Und hob sein Hemd hoch und hatte keinen Bauchnabel. Auch nicht die Spur davon. Was natürlich umgehend die Frage aufwarf, auf welchem Wege dieser geheimnisvolle Mensch wohl auf die Welt gelangt war. Mit dem Resultat, dass nun niemand mehr überheblich lachte. Wir alle waren ganz offensichtlich vom Geschehen der letzten dreißig Minuten gezeichnet.

Rainer Baginski, geboren 1939 in Berlin, gestorben 2007 in Grafrath/Bayern, war 1966/1967 Mitglied der PARDON-Redaktion. Er hatte Soziologie bei Adorno studiert und war einer der frühen Vorsitzenden des Frankfurter SDS gewesen. Als erster PARDON-Redakteur wanderte er in die Werbung ab, wo er bald als Edelfeder reüssierte. In den 80er Jahren war er Co-Autor der „Titanic"-Kolumne „Die peinlichsten Persönlichkeiten". – Der oberstehende Beitrag ist, leicht gekürzt, seinem Buch „Das drittletzte Kind" (Zweitausendeins, 2001) entnommen.

Erst PARDON-Redakteur, dann Werber: Rainer Baginski [Foto: privat]

INNENANSICHTEN

Bei Springer konnte uns keiner aufhalten
Wie **Wilhelm Genazino** eine PARDON-Aktion erlebte

Die satirische Zeitschrift PARDON hatte Anfang der siebziger Jahre ein gutes Image. Sie war angriffslustig, unterhaltsam, komisch und politisch links, ohne deswegen schon verbohrt oder verbissen zu sein. Dem Frankfurter Verlag Bärmeier & Nikel, der die Zeitschrift herausbrachte, war es gelungen, dem Blatt nach anfänglichen Schwierigkeiten ein größer werdendes Publikum zu sichern. Begünstigt wurde der Aufstieg durch die politische Konstellation der Zeit.

Anfang der siebziger Jahre machte sich mehr und mehr der Auftritt der Außerparlamentarischen Opposition bemerkbar, der APO. Diese APO hatte kein angemessenes publizistisches Organ. Die siebziger Jahre waren gleichzeitig die einflussreichste Zeit des Hamburger Pressekonzerns Axel Cäsar Springer, der in den Augen der Linken eine schwer erträgliche Erscheinung war. Man kann sagen, dass ohne die Übermacht des Hauses Springer die Zeitschrift PARDON kaum die vielfältige Aufmerksamkeit gefunden hätte, die ihr damals zufiel.

Hinzu kam, dass es seit Jahrzehnten kein wirksames satirisches Organ in der damals jungen Bundesrepublik gegeben hatte. Das einzige, aus dem Wilhelminismus übriggebliebene satirische Blatt war der in München erscheinende „Simplicissimus" gewesen, der kaum noch Beachtung fand. Noch immer brachte der „Simplicissimus" inzwischen fast zahnlose Witze über alte Militärs, die in einem Kasino angestaubte Reden halten und nicht merken, dass ihre Zeit vorüber ist.

Dagegen hatte PARDON tatsächlich den Kampf gegen den Goliath Springer aufgenommen, eine ehrenwerte, aber groteske, von heute aus gesehen schier lächerliche Anstrengung. Zum Beispiel brachte die gesamte PARDON-Redaktion einen ganzen Monat damit zu, die journalistische Stichhaltigkeit einer einzigen Ausgabe der „Bild-Zeitung" nachzuprüfen. Also recherchierten die Redakteure den Wahrheitsgehalt jedes einzelnen Artikels der „Bild-Zeitung" nach. Das Ergebnis war kein Ruhmesblatt für den Springer-Konzern. Freilich war dieses Ergebnis absehbar gewesen; insofern war die Nachrecherche ein überflüssiger linker Luxus gewesen, der sicher keinen einzigen „Bild"-Leser dazu animierte, sich mal eine andere Zeitung zu kaufen.

Dennoch fuhr die PARDON-Redaktion komplett nach Hamburg. Wir zogen uns (wie Zeitungsverkäufer) weiße Kittel an, setzten uns weiße Kappen auf, legten uns die „Bild"-Imitation von PARDON in ausreichender Zahl über den linken Unterarm – und drangen in das Springer-Hochhaus ein. Niemand konnte uns aufhalten. Auf dem Stockwerk der „echten" „Bild"-Redaktion verließen wir den Fahrstuhl und „besetzten" die „Bild"-Redaktion.

Jeder Springer-Redakteur erhielt von uns ein penibel nachgeprüftes Exemplar unserer „Bild"-Kritik. Wir versuchten, mit den Springer-Redakteuren in ein kritisches Gespräch zu kommen, was

Falsche „Bild"-Verkäufer vor der Springerzentrale: Wilhelm Genazino (rechts) bei einer PARDON-Aktion gegen „Bild" im Juli 1970 in Hamburg.
[Foto: Wilfried Bauer / Sammlung Gerhard Kromschröder]

uns nicht gelang. Ein PARDON-Photograph war mitgekommen und dokumentierte den Zusammenstoß mit den Springer-Leuten. Nein, es war kein „Zusammenstoß". Die „Bild"-Redakteure waren viel zu überrascht und konnten in der gegebenen Geschwindigkeit weder das ihrer Arbeit gewidmete PARDON-Extrablatt zur Kenntnis nehmen, noch überhaupt den sonderbaren Besuch ihrer Frankfurter Kollegen begreifen. Nach einiger Zeit bat man uns höflich, das Springer-Haus zu verlassen, und wir folgten – ein wenig kleinlaut.

An dieser friedlichen Attacke kann man den Übergang vom Journalismus zum Aktionismus leicht erkennen. In gewisser Weise dienten solche Aktionen überwiegend der Beschwichtigung der oppositionellen Gesinnung der Redakteure. Denn ringsum tobten nach wie vor die wirklichen Studentenunruhen; da wollten wir als angestellte Sympathisanten nicht nachstehen. Im Grunde erfüllten wir ein vertrautes Rollenklischee: Wir waren Angestellte des „Systems", wollten aber dennoch teilhaben an dessen kritischer Leugnung. Dieser Spagat drang damals kaum in unser Bewusstsein vor. Ich hatte zum ersten Mal das Gefühl, dem Dunstkreis der Provinz entkommen zu sein. Wie die anderen nahm ich fast täglich teil am anstrengenden Eiertanz zwischen Unterwerfung und Aufstand.

Wilhelm Genazino, geboren 1943 in Mannheim, gestorben 2018 in Frankfurt am Main, war 1969-1971 PARDON-Redakteur, machte sich dann als Schriftsteller selbstständig, wobei Frankfurt Schauplatz fast aller seiner Romane blieb. Neben zahlreichen anderen Auszeichnungen 2004 mit dem „Georg-Büchner-Preis" geehrt. – Der vorstehende Text ist Genazinos Buch „Tarzan am Main. Spaziergänge in der Mitte Deutschlands" (2013) entnommen.

Vom Wurm, ungeahnten Auflagen und der Fliegerei
Robert Gernhardt zum Ableben von PARDON, wo seine Karriere begann

Kurz vor ihrem zwanzigsten Geburtstag ist die Zeitschrift PARDON verschieden – ein Anlass, ihrer kurz zu gedenken. Das erste Heft erschien im September 1962, nach kurzer Zeit stand der Erfolg fest.

Was war das aber auch für eine Zeit: Noch war Adenauer an der Macht und Erhard der Vater des Wirtschaftswunders, noch galt der „Spiegel", um den es kurz darauf die gleichnamige Affäre gab, als linke und der völlig zahnlose „Simplicissimus" als satirische Zeitschrift, noch sorgte sich der Volkswartbund um das sittliche Wohl und Günter Grass' „Blechtrommel" für die sittliche Entrüstung des Volkes, noch hielt man allgemein die Ostermarschierer für staatsgefährdend und die Berliner für mutig – kurz: noch schien es so, als ob die fünfziger Jahre trotz des neuen Jahrzehnts immer noch in voller Blüte ständen.

Doch da war schon der Wurm drin, genauer gesagt, viele Würmer, und einer von ihnen war ohne Zweifel PARDON. Dieser Wurm biss munter zu, die Betroffenen reagierten verbissen, Axel Springer wollte wegen eines Anti-„Bild"-Beitrags von Poth den PARDON-Vertrieb verhindern, der Volkswartbund drang auf Indizierung, und all das brachte dem Blatt Publizität und die Mitarbeiter auf immer neue Themen, Einfälle und Erzählweisen.

Der PARDON-Verleger, Herausgeber und Chefredakteur Hans A. Nikel hatte nämlich in doppelter Hinsicht Glück gehabt. Bei der Gründung der Zeitschrift hatte er noch auf reifere Herrschaften gesetzt, hatte er Werner Finck, Loriot und Erich Kästner als Paten für PARDON gewonnen, nun stellte sich heraus, dass nicht nur die Zeit reif, sondern auch klammheimlich satirischer Nachwuchs herangereift war: Kurt Halbritter, Hans Traxler, Chlodwig Poth und F. K. Waechter waren von der ersten Stunde an dabei, bald kamen Otto Köhler, F. W. Bernstein (alias Fritz Weigle), Lützel Jeman (alias Robert Gernhardt) und Hermann Oberpurger (alias Heinz Edelmann) hinzu.

Eine Zeitlang sah es so aus, als ob das immer so weitergehen würde. Ab Mitte der 60er traten in die Redaktion ein: Gerhard Kromschröder (heute „Stern"), Alice Schwarzer (heute „Emma"), Günter Wallraff (später „Bild") sowie Peter Knorr, Eckhard Henscheid und Wilhelm Genazino. Zugleich trugen die mächtig anschwellenden Sex-, Polit-, und Protestwellen das Blatt in immer ungeahntere Auflagenhöhen: Ende der 60er wurden über 300.000 Exemplare verkauft.

Doch wieder war der Wurm drin, diesmal in PARDON. Während Redakteure und Mitarbeiter wacker für die antiautoritären Strukturen stritten, ja vom Chefredakteur Hans A. Nikel noch dazu angehalten wurden, da dieser Kampf Kasse machte, gebärdete sich der Hauptverdiener Hans A. Nikel zusehends autoritärer. Im Heft durfte Bernd Rosema die Unfreiheit der BRD-Journalisten beklagen, fürs Heft lehnte der Verleger Hans A. Nikel jegliche redaktionelle Mitbestimmung strikt ab: die Widersprüche brachen auf, die Mitarbeiter sprangen ab, die Auflage sank, und der Herausgeber Hans A. Nikel versenkte sich in sich selber.

Er wurde Anhänger der Transzendentalen Meditation des Maharishi Mahesh Yogi, und irgendwann Mitte der 70er griff er selbst zur Feder, das erste Mal seit der Gründung des Blattes. „Ich sah sie fliegen", hießt sein PARDON-Beitrag, der jedoch nicht die immer rascher wechselnden PARDON-Redakteure, sondern die erleuchteten TM-Hüpfer zum Inhalt hatte. Da war nichts mehr zu retten, weder das Blatt, noch sein Macher, nach 18 Jahren gab er den abgeschlafften Teufel an Henning Venske weiter, der ihn jedoch trotz heftiger Rundumschläge nicht wieder auf die Beine brachte.

Robert Gernhardt, geboren 1937 in Reval/Estland, gestorben 2004 in Frankfurt am Main, war 1964/1965 PARDON-Redakteur. Als fester freier Mitarbeiter prägte er danach weiter das Blatt, besonders im Team mit F. K. Waechter und F. W. Bernstein, u.a. mit deren Rubrik „Welt im Spiegel" (WimS). 1979 Mitbegründer von „Titanic" sowie einer der Texter von Otto Waalkes und Spiritus Rector der „Neuen Frankfurter Schule". Gilt als einer der wichtigsten zeitgenössischen Dichter deutscher Sprache. – Der vorstehend abgedruckte Text ist zuerst in Gernhardts Rubrik „Humor-Kritik" in der „Titanic"-Ausgabe vom August 1982 erschienen.

Früh im PARDON-Team: Robert Gernhardt (Mitte) mit seinen Mitstreitern F. K. Waechter (links) und F. W. Bernstein in den 70er Jahren.
[Foto: Inge-Maren Hammerich/Caricatura]

Wie ein Gebäck meinen Lebensweg veränderte
Peter Knorr über einen PARDON-Kalauer mit Langzeitwirkung

Meine erste nachdrückliche und begeisternde Begegnung mit der Satirezeitschrift PARDON fand 1963 statt. Es waren lausige Zeiten damals in Deutschland. Die Hälfte des Landes gehörte zum kommunistischen Ostblock. Zwei Jahre zuvor war in Berlin die Mauer errichtet worden, es gab erste Todesopfer, und in Westdeutschland brüllte die Springerpresse und die offizielle Politik einen hasserfüllten Antikommunismus ins Land und alle Welt hinaus. Die DDR galt als nicht existenter Staat.

Ich selbst war Student in Heidelberg (Germanistik/Politik), war Chefredakteur der Studentenzeitung „forum academicum" und Autor sowie Akteur beim Studentenkabarett „das bügelbrett". Dies war ein damals bundesweit berühmt-berüchtigtes, weil äußerst scharfzüngiges Ensemble. Höhepunkt seines 1963er Programms „Stolz auf Deutschland" war das Protest- und Aufsehen erregende Chanson „Wir bauen an der Mauer" von Hannelore Kaub. Ich sprach damals, 26 Jahre vor dem Mauerfall, die weiß Gott prophetischen Schlussworte: „„..und wenn die Wiedervereinigung kommen sollte: die Mauer, die der Osten errichtet hat, wird an einem Tage niedergerissen sein. Doch die geistige Mauer, an der wir beide arbeiten, wird auch in zehn Jahren noch nicht abgetragen sein!"[1]

Frage: Und was hat das nun mit PARDON zu tun? Antwort: Moment noch. Kommt gleich. Es geht um das Pathos. Alle politischen

[1] Bei youTube noch heute zu finden.

INNENANSICHTEN

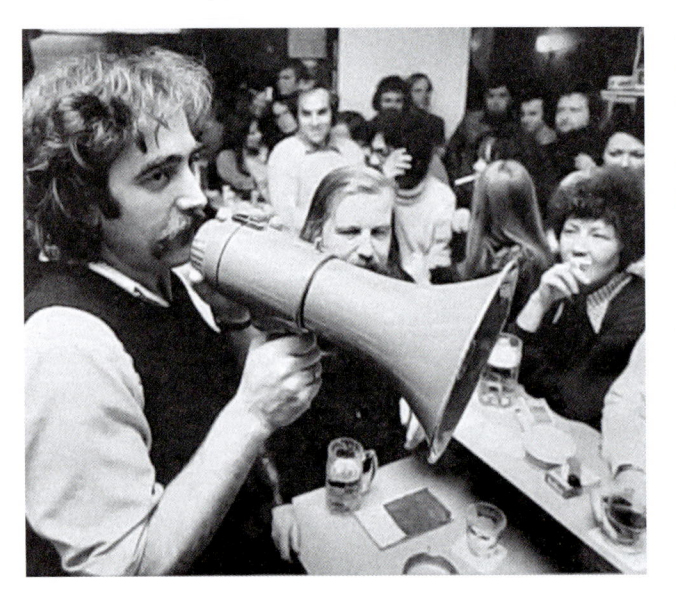

Bei „Mentz" im Nordend immer dabei: Peter Knorr mit Megaphon am Tresen
[Foto: Inge Werth/Caricatura]

Äußerungen in dieser Zeit waren Pathos geladen, verkrampft, verbiestert, wütend und so oder so auf allen Seiten ironiefrei engagiert. Und dann kam auch noch John F. Kennedy nach Berlin. Am 26. Juni sprach er vor einem Millionenpublikum an Funk- und Fernsehgeräten vor dem Schöneberger Rathaus die offenbar in alle Ewigkeit unvergesslichen Trostworte ins geteilte Land: „Ich bin ein Berliner!" Waren wir nicht alle ergriffen? Dieser Jubel! Diese Rührung! Und diese für lange Zeit aufgeheizte, unversöhnliche Stimmung, in der kein Gedanke an eine annähernde, zukunftsorientierte Politik aufkommen konnte und durfte.

Dann aber – und jetzt kommt's – stieß ich beim Blättern in der Augustausgabe von PARDON auf diese Fotomontage: Kreppel bzw. Krapfen plus Sprechblase „Ich bin ein Berliner". Ein richtiger, wunderbarer Lacher damals. Ein Stich in die Pathosblase, ein Kalauer zur rechten Zeit, ja, eine Pointe mit Langzeitwirkung. Für mich jedenfalls. 1968 wurde ich PARDON-Redakteur, lernte F. K. Waechter, den genialen Zeichner und Schöpfer des „Ich bin ein Berliner"-Witzes kennen. Und mit ihm und den anderen Meistern der hellen und schnellen Satire, nämlich Gernhardt, Bernstein, Traxler, Poth, Henscheid und Eilert gehörte ich schließlich zur Neuen Frankfurter Schule. Ist doch gut gelaufen, oder?

Peter (Pit) Knorr, geboren 1939 in Salzburg, war in der Kabarett-Szene aktiv, bevor er von 1968 bis 1971 als Redakteur zu PARDON ging. Griff, zusammen mit Robert Gernhardt und Bernd Eilert textlich Otto Waalkes unter die Arme und gründete 1979 mit anderen Mitgliedern der Neuen Frankfurter Schule „Titanic".

Flucht aus dem Herz der Finsternis
Gerhard Kromschröder über einen folgenreichen Anruf aus einer gelben Telefonzelle

Das Emsland, Sommer 1967. Diesmal würde es ernst werden, das war mir klar. Ich war einbestellt in die Zentrale in Osnabrück, und diesmal, das wusste ich, gab es für meine Vorgesetzten dort nur einen Gesprächspunkt: meine Kündigung. Mein Kollege Hermann Vinke und ich, Lokalredakteure der tiefschwarzen „Ems-Zeitung" in Papenburg, hatten uns keine Freunde gemacht in der Zentrale. Die katholische Kirche hatte immer wieder Beschwerde über uns geführt, die CDU sah sich nicht bevorzugt genug behandelt, die Schützenbruderschaften fühlten sich von uns lächerlich gemacht. Unser schlimmstes Vergehen: Wir hatten die Geschichte der Konzentrationslager im Emsland recherchiert, immer wieder über die Hölle im Moor berichtet, obwohl man sich im Emsland verbissen an eine besondere Variante des Umgangs mit der NS-Zeit hielt: Vergangenheitsbewältigung durch Verschweigen.

Nun war ich mit dem Auto unterwegs von Papenburg zum mehr als hundert Kilometer entfernten Osnabrück, doch ich hatte einen Rettungsanker: Wenige Wochen zuvor hatte ich mich auf eine Stellenanzeige der satirischen Zeitschrift PARDON im Branchenblatt „journalist" beworben. Dort war ein Redakteur gesucht worden, „der genügend Erfahrungen im Zeitungsmachen hat, um auch vor technischen und organisatorischen Problemen nicht zu kapitulieren, der politische und literarische Texte sicher beurteilen kann, der kritisches Talent und Ideen hat. (Schreiben soll er natürlich auch können.)" – All das traute ich mir zu.

Deshalb hatte ich mich bei PARDON beworben und vorgestellt, und heute um Punkt zehn Uhr sollte ich in der Frankfuurter Redaktion anrufen, wie man denn nun über meine Bewerbung entschieden habe. Das ging aber nur von unterwegs, und so parkte ich im

Mann im Untergrund: Gerhard Kromschröder 1973 bei einer Aktion in der B-Ebene unter der Frankfurter Hauptwache
[Foto: Sammlung Gerhard Kromschröder]

Städtchen Sögel („Perle des Hümmlings") vor einer dieser gelben Telefonzellen, die es damals noch gab, warf Kleingeld ein und wählte: 0611-55 02 76. Ja, sagte Hagen Rudolph, der amtierende Chef vom Dienst, ich sei bei PARDON herzlich willkommen. Juchei!

PARDON, das war mein Jackpot! Ich Redakteur bei diesem frechen Blatt, das so unabhängig ist, so witzig und jederzeit bereit, jeder denkbaren Autorität die Stirn zu bieten; das im tiefschwarzen Emsland nur unterm Ladentisch verkauft werden durfte. Was für ein Kulturbruch! Endlich aus der weltabgeschiedenen, stockkonservativen Provinz ins liberale Frankfurt; aus dem Herz der Finsternis ins verheißungsvoll gleißende Licht der neuen Zeit, die gerade angebrochen war und die später unter der magischen Zahl „68" in die Geschichte eingehen sollte. Konnte ich es besser treffen?

Fröhlich pfeifend fuhr ich nach Osnabrück weiter, um mir lässig meine Kündigung abzuholen. Es würde eine tolle Zeit werden in Frankfurt. Wurde es auch.

Gerhard Kromschröder, geboren 1941 in Frankfurt am Main, ist der dienstälteste PARDON-Redakteur (1967 bis 1979). Arbeitete dort zuletzt als stellvertretender Chefredakteur, bevor er zu „Stern" ging. Lebt als Journalist und Fotograf in Hamburg. Ist zusammen mit Till Kaposty-Bliss Herausgeber dieses Bandes.

Im siebten Himmel in der Warteschleife
Robert Kuhn über seinen freudigen Einstieg beim PARDON-Verlag – und den weniger erfreulichen Abschied

Bierflaschen unter Flechtlampen: PARDON-Stammtisch mit (von links) Chlodwig Poth, Hagen Rudolph, Hans Traxler, Robert Kuhn, Arno Ploog, Volker Ernsting
[Foto: Erldro W. Geibel]

Meine erste Begegnung mit der PARDON-Redaktion fand im April 1966 statt und stand ganz im Zeichen des Fisches. Ein großer, grauer Knorpelfisch aus Pappmaché, vermutlich Relikt einer Faschingsfeier, schwebte über unseren Köpfen.

Wir, das waren circa zehn um einen länglichen Holztisch versammelte, wahlweise Henninger Bier oder Pepsi Cola trinkende Herren (Damen gab es damals noch nicht im satirischen Gewerbe), zur größeren Hälfte freie Mitarbeiter, zur kleineren fest angestellte Redaktionsmitglieder. Und ich mittendrin.

Ich hatte es geschafft, saß als neubestallter Direktionsassistent an einem Tisch mit den Idolen meiner Jugend, den satirischen Göttern und Halbgöttern der 50er und 60er Jahre des vorigen Jahrhunderts, mit so berühmten Männern wie Kurt Halbritter, Hans Traxler, Chlodwig Poth, Otto Köhler, Volker Ernsting, Arno Ploog und dem legendären WimS-Trio F. K. Waechter, F. W. Bernstein und Robert Gernhardt – große Namen, die ich nur aus Büchern kannte. Nicht zu vergessen die beiden Verleger, die seinerzeit (noch) als „Wunderknaben der Verlagsbranche", so der „Spiegel" 1966, gefeiert wurden: Erich Bärmeier, zuständig fürs Kaufmännische, und Hans A. Nikel, zuständig fürs Kreative.

Wie hatte ich, ein dumpfer Jurist (immerhin mit Rechtsanwaltspatent) aus der dumpfsten fränkischen Provinz, es bis ins Frankfurter Nordend geschafft, an diesen langen Tisch in der sechsten Etage eines hässlichen, weißverklinkerten Bürohochhauses an der Hebelstraße 11? Natürlich nur, wie so oft im Leben, mit viel Glück und etwas Chuzpe.

Das Glück: Ein mir gewogener Nürnberger Rechtsanwaltskollege hatte mich auf eine Stellenanzeige in PARDON hingewiesen („das müsste Sie interesssieren"). Erich Bärmeier, Mitverleger des Frankfurter PARDON-Verlags Bärmeier & Nikel, suche einen Direktionsassistenten, der ihm „bei der Erledigung der laufenden kaufmännischen Angelegenheiten" helfe. Er müsse, so stand es in der Anzeige, „,nur': 1. analytisch denken, 2. gut rechnen, 3. aus Randnotizen sympathische Briefe machen können."

Aber wieso Chuzpe? Ob ich sympathische Briefe schreiben könne, schrieb ich Herrn Bärmeier frech zurück, möge er bitteschön anhand dieses meines Bewerbungsschreiben beurteilen. Dass ich mit kaufmännischen Angelegenheiten nichts am Hut hatte und wegen der schlechten Mathe-Note fast durch die Abiturprüfung gefallen wäre, verschwieg ich lieber. Doch wieder hatte ich Glück, diesmal das Glück des (Berufs-)Anfängers: Aus dreißig Bewerbern wählte Bärmeier ausgerechnet mich aus, obwohl (oder weil?) ich der dreißigste war.

Später erzählte er mir, das Schriftgutachten habe den Ausschlag gegeben. Eine Tübinger Graphologin hatte aus meinem provinziellen Lebenslauf viel Schmeichelhaftes herausgelesen: Ich sei zwar kein eigentlicher Assistententyp, habe aber einen gewissen Künstlereinschlag und passe daher gut „ins gehobene Zeitschriften- und Verlagswesen". Freilich warnte sie meinen künftigen Chef schon damals vor meiner „Bewegtheit". Die könne manchmal etwas anstrengend sein. (Auch damit sollte die weise Frau Recht behalten, wenn auch erst vier Jahre später und etwas anders, als sie es sich wohl gedacht haben mag.)

Doch zurück zur Haifischbar. Ich war kaum eine Woche im Verlag, als mich mein Chef aufforderte mitzukommen. Er wolle mich seinem Mitverleger (und PARDON-Chefredakteur) Nikel präsentieren, zugleich aber auch den heute, wie jede Woche, hier im Hause versammelten PARDON-Mitarbeitern.

Bärmeiers Vorstellung – „mein neuer Assistent, ein Jurist, der sich mit dem Urheberrecht auskennt", mag vielleicht gut gemeint gewesen sein, ging aber nach hinten los: Sie war geradezu eine Steilvorlage für die stets spottlustigen Satiriker. Einer von ihnen, schon damals ein manischer Zeichner, F. W. (= Fritz Weigle) Bernstein, hat denn auch die Szene, zusammen mit einem kalauernden Wortspielwitz, dem vom „Uhr-Heber", sofort im Bilde festgehalten.

Der Witz machte die Runde, was normal war und ganz wörtlich zu verstehen ist. Die hellen-schnellen Herren pflegten sich bei diesen Redaktionskonferenzen – die eher Stammtischrunden glichen – herzlich zu langweilen und schoben sich, zwecks Spaß und Zeitvertreib, dauernd irgendwelche Zettel zu. So kam es, dass Bernsteins Blatt irgendwann auch bei mir landete.

INNENANSICHTEN

Fritzens Witz – wenn auch auf meine Kosten – gefiel mir sehr. Gleich nach Stammtischende bat ich daher den Urheber, mir das Blatt zu schenken. Weigle-Bernstein stimmte sofort zu, nicht ohne verlegen zu erröten (ja, Fritz war damals schon so schüchtern, noch schüchterner als ich). So kam ich zu meinem ersten Original aus der Zeichenzauberhand eines meiner PARDON-Heroen. Ich war angelangt: im siebten Himmel meiner schönsten Träume.

PS. Meine Love-Story mit und bei B&N und PARDON nahm leider ein trauriges Ende. Fast vier Jahre nach der himmlischen Premiere in der Haifischbar wurde ich, nach eigenem Selbstverständnis einer der Treuesten, von meinem Chef auf die schmählichste, mich heute noch schmerzende Weise der Untreue geziehen (als hätte er nicht jahrelang Zeit gehabt hatte, meinen Charakter zu studieren).

Sein verletzender Vorwurf: Ich hätte in einem Verlagsvertrag mit Robert Gernhardt – mit dem ich tatsächlich inzwischen befreundet war – die übliche Nebenrechtsregelung von 50:50 auf Wunsch des Autors in 40 zu 60 Prozent, also zu Ungunsten des Verlags, geändert, ohne ihn, den Verleger, darauf aufmerksam zu machen.

Dabei hatte ich genau das getan: nämlich bei Seite 1 (der Vertrag hatte 3 Seiten) extra einen entsprechenden Hinweiszettel in die Unterschriftsmappe gelegt. Doch Bärmeier interpretierte dies als besondere Hinterlist. Ich hätte darauf spekuliert, dass er die ersten beiden Seiten überblättern und sich gleich auf die letzte Seite, die mit den Unterschriften, stürzen würde. Das Tischtuch war zerschnitten.

Wenige Wochen später war in der Branchenklatsch-Presse zu lesen: „Robert Kuhn (31) will nicht mehr lange Justitiar und Leiter der Lizenzabteilung im Verlag Bärmeier & Nikel sein. Er verlässt nicht nur den Verlag, sondern auch die Branche: Die Düsseldorfer Werbeagentur GGK hat mit ihm einen Mitarbeiter-Vertrag abgeschlossen."

Schade eigentlich, hätte auch länger gehen können in Frankfurt.

Robert Kuhn, geboren 1937 in Fürth, war vier Jahre lang (1966-1969) Justiziar des PARDON-Verlags. In dieser Funktion kümmerte er sich um so delikate Probleme wie die juristischen Auseinandersetzungen um Günter Wallraffs PARDON-Reportagen, die (angebliche) Urheberrechtsverletzung Hans Traxlers beim satirischen Nachruf auf Walt Disney und die (angebliche) Verunglimpfung des Bundespräsidenten Heinrich Lübke bei der sog. Paulskirchen-Aktion im März 1968. Danach arbeitete der spätpromovierte Zeitgeschichtler als Texter bei der Düsseldorfer Werbeagentur GGK sowie als Journalist beim „Spiegel" und war Pressesprecher bei Bundesjustizminister Hans-Jochen Vogel.

Und plötzlich machte mein Leben einen Sinn
Otto Waalkes erklärt, warum eine PARDON-Rubrik seine Weltsicht veränderte

In den 60er Jahren des vorigen Jahrhunderts kam ein Begriff auf, dessen Bedeutung mir als Schüler des „Gymnasiums für Jungen" in Emden zunächst nebulös war: das „Antiautoritäre". Der Begriff tauchte zunächst als Verheißung auf, etwa als „antiautoritäre Erziehung", verband darüber hinaus aber allerhand Aktivitäten, von Schülerstreichen bis zur Gründung einer Satirezeitschrift namens PARDON. Dass ich selbst Teil dieser Bewegung war, wurde mir erst klar, als in der PARDON im September 1964 eine Doppelseite erschien, auf der unter dem Titel „Welt im Spiegel", abgekürzt WimS, die Herren F. W. Bernstein, Robert Gernhardt und F. K. Waechter die Komik in der BRD revolutionierten.

Mir zumindest kam und kommt das so vor.

WimS enthielt in der Rubrik „Gut gesagt" fast alles Unwesentliche.

„Wer für nichts einsteht, liegt immer richtig." Ein Zitat, das Karl Sütterlin zugeschrieben wurde. Oder, angeblich von G.B. Shaw: „Es genügt nicht, arm und unbegabt zu sein, wenn man dabei nicht glücklich ist." Der Tagesbefehl Friedrich des II. vor der Schlacht von Tannenberg bringt es auf den Punkt: „Konsequent oder inkonsequent – aber nicht dieses ewige Hin und Her." Der Zitatenschatz glänzte mit konsequenter Pointenverweigerung: „Hinter einem frohsinnigen, locker hingeworfenen Scherzwort steckt oft mehr dahinter, als man gemeinhin vermuten möchte." Das Pathos klassischer Dichtung wurde in einem Vierzeiler elegant unterlaufen: „Viel schon ist getan / mehr noch bleibt zu tun / sprach das Wasserhuhn / zu dem Wasserhahn."

Selbst die unsäglichste Form der Heldenverehrung tauchte auf, die Anekdote: „Als Karl der Große eines Tages über Land reiste, traf er ein altes Mütterchen. ‚Guten Tag, Karl der Große', sagte das alte Mütterchen. ‚Guten Tag, altes Mütterchen', erwiderte Karl der Gro-

Loriots Fernsehhund Wum mittendrin: das Produktionsteam der Otto-Titelgeschichte fürs März-Heft 1978 im Fotostudio in Mannheim. Oben links Otto, rechts davon Fotograf Gerhard Vormwald, darunter PARDON-Redakteur Gerhard Kromschröder.
[Foto: Gerhard Vormwald/Sammlug Gerhard Kromschröder]

ße leutselig und ritt winkend weiter. Solche und ähnliche Geschichten erzählt man sich in der Eifel noch heute von der Leutseligkeit Karls des Großen."

Wissenschaftliche Fragen wurden gestellt und prompt beantwortet, so zum Beispiel:

„Haben wir zu viele Dimensionen?" „Aus Wirtschaft und Technik" hieß eine andere Rubrik. Letzte Meldung: „Eine westfälische Firma will noch vor Weihnachten einen preiswerten Gugel auf den Markt bringen. Er soll auch jene Kreise für das Gugeln gewinnen, die bisher aus finanziellen oder pekuniären Gründen keine Möglichkeit hatten an Gugelabenden teilzunehmen." Gugel mit einem U-Google mit zwei Os wie in Otto gab's 1964 noch nicht. Die Kultur kam nicht zu kurz: Von einem Literaturkritiker-Treffen im „Gasthof zum Gelben Hirsch" wird u. a. gemeldet: „Die Ergebnisse der Diskussionen werden demnächst im Polizeibericht veröffentlicht."

Ich habe nur aus den allerersten Ausgaben zitiert – einmal um zu beweisen, dass WimS auf Anhieb WimS war, reiner Nonsens aus dem Stand sozusagen. Andererseits begreife ich bis heute nicht, wie damals vor gut 57 Jahren ein historisches Ereignis fast unbemerkt an einer breiteren Öffentlichkeit vorbeirauschen konnte. Ich war damals gerade 16 geworden und ein mittelmäßiger Schüler.

Meinem Leben gab der Nonsens in WimS einen neuen Sinn. Sinnverlust ist Lustgewinn, dichtete später der reife F. W. Bernstein.

Um diesen Lustgewinn zu erzielen, war so gut wie alles erlaubt. Denkverbote oder gar Sprachregelungen waren so undenkbar wie unaussprechlich. Das gezielte Unterlaufen von Erwartungen, die Verweigerung von Pointen, die Renaissance des Kalauers zudem – all das begann, sich geradezu pandemisch auszubreiten und die öde Komiklandschaft flächendeckend zu infizieren.

Dass mein Bild gut zehn Jahre später auf dem PARDON-Titel erscheinen durfte – das hatte ich mir 1964 noch nicht einmal träumen lassen.

Otto Waalkes, geboren 1948 in Emden, griff in seinen frühen Bühnenauftritten immer wieder auf Texte der PARDON-Rubrik „Welt im Spiegel" (WimS) zurück, woraus sich schließlich eine enge Zusammenarbeit mit dem PARDON-Autorenteam Robert Gernhardt, Bernd Eilert und Peter Knorr ergab. Ihr Gemeinschaftswerk „Otto – Der Film" von 1985 wurde Deutschlands erfolgreichster Film, und Otto gilt heute als bekanntester Humorist der Republik.

Nun war ich der „Apo-Opa"
Wie sich **Chlodwig Poth** durch eine PARDON-Kolumne in einer Rolle wiederfand, die nicht die seine war

Ich begann in PARDON meine erfolgreichste Kolumne zu zeichnen, kurze Bildergeschichten, die gewöhnlich sechs Phasen hatten: „Mein progressiver Alltag". Die Anregung dazu kam von Pit Knorr, seinerzeit ein Redakteur des Blattes. Und was er vorschlug, war genau das, was ich jetzt machen wollte und musste.

Die Studentenrevolte ging ihrem Ende zu, sie zerbröckelte, verlief sich. Die größte Zahl ihrer Protagonisten fand sich im Alltag irgendeines Berufslebens wieder. Einige wenige wollten sich das nicht antun und weiter kämpfen. Man weiß, wie das endete. Ich wollte mich in erstere einfühlen und verfolgen, ob und wie sich die früheren Ideale hinüberretten ließen in das tägliche Leben. Dazu wählte ich als Hauptfiguren einen Werbetexter mit Frau und heranwachsendem Sohn.

Damals begann ein großes Missverständnis, das aber programmiert war durch das Wörtchen „mein" im Titel. Drei, höchstens vier der insgesamt vierundachtzig Bildergeschichten wurden von Begebenheiten inspiriert, die ich selbst erlebt habe. Alle anderen habe ich mir ausgedacht, mit dem Wissen freilich, das ich mir zusammenhörte bei Kneipengesprächen vornehmlich in den „Zillestuben", die ich nun regelmäßig aufsuchte. Damit musste ich mich abfinden: Ich wurde mit meiner Figur identifiziert und hatte bald meinen Stempel weg als Achtundsechziger. Als dann noch einem Journalisten der zugegebenermaßen hübsche Begriff „Apo Opa" einfiel, da war's bei meinem Barte vollends um mich geschehen.

Wie oft habe ich darauf hingewiesen, dass ich kein Achtundsechziger sei, dass ich nur meinen Beruf ausgeübt und über die Achtundsechziger berichtet hätte. Das wollte man nicht hören, und so werde ich immer, wenn Apo-Jubiläen anstehen, von Rundfunk- und Zeitungsredaktionen angerufen und um Augenzeugenberichte gebeten.

Ich habe die Alltagsgeschichten noch mit dem Spontanstrich gezeichnet, aber da war er für mich eigentlich schon ausgereizt. Ich

Rolle und Realität vermischt: Chlodwig Poth 1974 in der PARDON-Redaktion mit Anna Krause, seiner späteren Ehefrau
[Foto: Paul Taussig]

habe mir später diese Bilderfolgen nie gerne angesehen, denn ich glaubte auf ihnen die Lust- und Spannungslosigkeit zu erkennen, die aus der Routine kommt. Aber den Leuten gefiel es.

Chlodwig Poth, geboren 1930 in Wuppertal, gestorben 2004 in Frankfurt am Main, war zusammen mit Hans Traxler und Hans A. Nikel Gründer von PARDON. Besonders populär war seine Cartoonserie „Mein progressiver Alltag". Im Lauf der Zeit ging Poth auf Distanz zu PARDON-Verleger Nikel, bis er schließlich ganz mit ihm brach; in seinem Roman „Die Vereinigung von Körper und Geist mit Richards Hilfe" porträtierte er ihn in der Figur des Verlegers Bärblei als autoritären, esoterikgläubigen Redaktionschef. 1979 gründete Poth mit Mitgliedern der Neuen Frankfurter Schule „Titanic". – Der vorstehende Text ist Poths Autobiographie „Aus dem Leben eines Taugewas" entnommen.

INNENANSICHTEN

PARDON – ein Job für drei Staatsanwälte
Ein Blick zurück von **Hans A. Nikel** zu seinem letzten PARDON-Heft

In den ersten Jahren von PARDON waren es drei Staatsanwälte, die in Frankfurt fast ständig damit beschäftigt werden mussten, Strafanzeigen zu prüfen, die aus der ganzen Republik eintrafen und PARDON den Garaus machen sollten. Das erzählte mir in einer guten Stunde der damalige Generalstaatsanwalt Fritz Bauer, ein hervorragender Demokrat. Er sagte, „Sie haben Glück, in Frankfurt zu sitzen". Es waren nicht unbedingt die spektakulären Aktionen, die uns während der ganzen PARDON-Jahre in Gefahr brachten, verboten und kaputtgemacht zu werden. Zumeist waren es Aktivitäten auf der politisch Rechten, die PARDON angriff. Aber es gab auch satirische Analysen, Aktionen und Angriffe auf den „Spiegel", den „Stern" oder die „Frankfurter Rundschau".

PARDONs Motto während der ganzen Jahre war ja „Sauerstoff ins Gehirn" zu bringen: Wer PARDON las, sollte sich nicht in der Sicherheit wiegen, den Fortschritt etwa mit dem Abonnement vom „Spiegel" gratis mitgeliefert zu bekommen – oder von PARDON. Der Standpunkt von gestern war dazu da, heute angezweifelt und überprüft zu werden. Das hat PARDON-Leser oft irritiert, und viele sind abgesprungen, um sich etwas Bequemeres zu suchen. Dabei waren zwei Generationen von Zeichnern, die vorher niemand kannte, zu entdecken und Autoren, die nirgends so engagiert schreiben konnten wie in PARDON.

Hans A. Nikel, geboren 1930 in Bielitz, gestorben 2018 in Bad Homburg, war mit Erich Bärmeier einer der Gründer von PARDON und blieb sein Chefredakteur und Verleger bis 1980. 1983 promovierte er mit einer Arbeit über Meister Eckard, „Annähcrung an das ganz Andere". Seine späteren Lebensjahre widmete er der Bildhauerei. – Der obenstehende Text ist der letzten, von Hans A. Nikel verantworteten PARDON-Ausgabe vom Oktober 1980 entnommen.

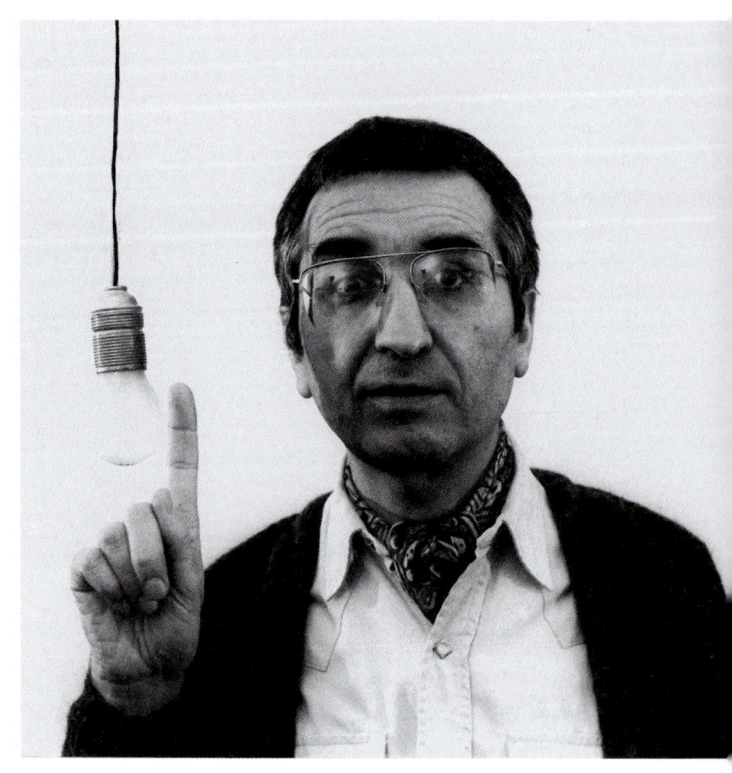

„Sauerstoff ins Gehirn": PARDON-Chef Hans A. Nikel
[Foto: Jens Jacobi/Deutsches Kabarettarchiv Mainz]

Das war's also, das Zentrum der Revolution
Warum **Alice Schwarzer** ihre Zeit bei der Männerdomäne PARDON nicht missen möchte – trotz allem

Ich sehe mich noch am ersten Tag. War es der 2. Januar 1969? Im Chefbüro von Hans A. Nikel versammelten sich drei Neue: Herbert Feuerstein, frisch angereist aus New York; Lutz Reinecke (später Kroth), angestellt als Assistent des Verlegers; und ich, angeheuert als Reporterin und Nachfolgerin von Günter Wallraff.

Feuerstein war wie Feuerstein, Reinecke trug eine bunte Drachenkrawatte und sagte: „Mit 40 will ich so viel Geld verdient haben, dass ich mich zur Ruhe setzen kann" (Was ihm, glaube ich, mit seinen 2001-Läden dann auch mehr oder weniger gelungen ist). Und ich? Ich staunte.

Dann kam ich in die Redaktion. Endlich. Endlich am Ziel meiner Sehnsüchte. Nach zweieinhalb Jahren bei den Düsseldorfer Nachrichten und ein paar Monaten als Reporterin bei „Film und Frau" (und den nicht endenden Gesprächen über Diäten und Quarkmasken) endlich im Zentrum der Revolution! Denn dafür standen 1968 zwei Zeitschriften: „Konkret" und PARDON. Doch es sollte ganz anders kommen.

Da war Hagen Rudolph, der Chef vom Dienst. Nikel war ein viel abwesender Bonvivant, Rudolph unser Kettenhund. Er trug spitze Schuhe und zu kurze Socken, war also eher ein Spießer. Und dann waren da meine Kollegen, darunter Gerhard Kromschröder und Peter Knorr (später u. a. der Texteschreiber von Otto Waalkes). Die fanden es gar nicht komisch, mit Typen wie Rudolph im Büro sitzen zu müssen, während die Neue in der Welt herumschwirrte. Und ich? Ich hatte einerseits bereits eine gewisse Handschrift, war jedoch andererseits auch noch arg naiv. So hielt ich zum Beispiel die „Frankfurter Schule" für eine Schule nebenan, wie irgendwann Birgit, die Redaktionsassistentin, spitzmündig herausfand. Auch die zweite Frau neben mir, Elsemarie, war Redaktionsassistentin (und wurde später eine respektable Reisejournalistin). Die Frauen waren also auch nicht so richtig gut gestimmt auf mich. Ich war irgendwie ein Fremdkörper, qua Geschlecht und qua Milieu.

Unvergessen zum Beispiel die Titelfindung. Die Titelfotos waren in der Regel von einer Landkommune für PARDON produziert worden: demonstrativ übermütige Hippieszenen, bei denen viel Gras geraucht wurde und die Mädchen halbnackt waren. Ein entscheidendes Kriterium bei der Auswahl waren die Brustwarzen. Die mussten zu sehen sein. Nikel: „Nee, lieber das Foto davor, da war mehr Brustwarze drauf." Ich stand am Rand der Gruppe und schwieg. Ich wusste nicht, was ich sagen sollte. Ich hatte nur so ein dumpfes, steigendes Unbehagen. Und wenn ich nach Hause ging, in meine fünf Fußminuten entfernte Zwei-Zimmer-Bude, dann kaufte ich unten am Büdchen eine Tafel Schokolade. War ich im zweiten Stock angekommen, hatte ich die schon verputzt (ich esse sonst kaum Schokolade).

Ich erinnere mich auch an eine von der PARDON-Redaktion angezettelte Demonstration vor dem ehemaligen KZ Dachau. Im Schneeregen. Wir mit selbstgemalten Transparenten vor dem Tor. Es sollte irgendwas Satirisches gegen Rechts sein. Ich fand das nicht komisch. Eher peinlich.

Oder das Vertriebenentreffen, das ich undercover besuchte. Weil die Repräsentanten immer so erzreaktionäre Sprüche klopften („Mitteldeuschland" statt DDR oder: Deutschland bis zur Oder/Neiße-Grenze etc.). Aber die netten Mitglieder, die bei mir am Tisch saßen, packten mir Streuselkuchen auf den Teller und zeigten mir Kinderfotos von „drüben". Mein Bericht fiel also nicht aus wie erwartet. Ich begann, mich als Nervensäge zu profilieren.

Spannend wurde es für mich, als ich für zwei, drei Wochen als Arbeiterin an die Stanzmaschine von VDO ging. Da gab es für die Frauen noch Leichtlohngruppen und keine Seife auf der Betriebstoilette (Der Betriebsrat: „Wie stellen Sie sich das vor, Fräulein Schwarzer? Soll der Chef etwa Seife für alle Arbeiter bezahlen?"). Und das anhaltende Interesse des Vorarbeiters für mich begann, Richtung MeToo zu gleiten.

Wenn ich dann nach Feierabend noch in den Republikanischen Club ging, kamen mir die Diskurse da ziemlich irrelevant vor. Ich war nach acht Stunden an der Stanzmaschine einfach zu müde. Richtig Spaß gemacht aber hat die Reportage mit Robert Gernhardt im Club Méditerranée in Agadir. Im „Stern" war eine große Reportage über „le Club" erschienen, die was von Sünde raunte, in jeder Hütte, jede Nacht. Nikel ahnte, dass da was nicht stimmen dürfte und schickte Gernhardt und mich für zwei Wochen nach Agadir. Was, wie sich rasch herausstellte, meinen Lebensgefährten in Paris sehr nervös machte und auch Gernhardts Frau Almut nicht begeisterte. Aber da im Club überwiegend Pensionäre Karten spielten und ich chronisch treu bin, im Prinzip, also Robert zwar sehr mochte – wir haben uns wie Bolle amüsiert zusammen! –, er aber erotisch nicht mein Zielobjekt war, konnten sich anschließend alle entspannt zurücklehnen. „Stern"-Chefredakteur Nannen soll sich dann tatsächlich sehr geärgert haben über unsere Persiflage.

Mein Abschied von PARDON war einschlägig. Er traf zufällig zusammen mit einer Party im Haus vom PARDON-Verleger im Spessart. Viel Tanzen und Alkohol und vermutlich mehr. Gegen Mitternacht neigte Peter Knorr sich zu mir und sagte: „Du bist ja eigentlich ganz nett. Nur schade, dass du frigide bist."[1]

So war das damals, liebe Kinder. Wenn man nicht mit denen geschlafen hat, galt man als frigide.

Von Paris aus, wo ich bis 1973 als freie Korrespondentin geblieben bin, habe ich dann ab und zu auch für PARDON geschrieben. Doch obwohl ich einige gute Texte in PARDON veröffentlicht habe – ein Interview mit Sartre über „revolutionäre Gewalt" und ein Gespräch mit Simone de Beauvoir – ging es eher nörgelig zwischen uns zu, wie ich einer erhaltenen Korrespondenz entnehme. Abgelehnte Texte, zu spät gezahlte Honorare und eine ziemlich strenge Schwarzer.

Am 4. August 1972 schreibe ich dem bereits erwähnten Herrn Rudolph, der seine Briefe immer an das „liebe Fräulein Schwarzer" richtete: „P.S. Am 3. Dezember dieses Jahres werde ich 30! Da habe ich sogar behördlicherseits schon den Anspruch auf die Anrede ‚Frau'." Er hat verstanden.

So, liebe Kollegen, ich hoffe, ich habe euch nicht in die Festtagssuppe gespuckt. Aber es stimmt, was ich entwaffnend ehrlich 1976 an Nikel geschrieben habe: „Ich erinnere mich wirklich nicht gern an die Zeit bei PARDON zurück." Trotzdem: Missen möchte ich die Zeit auch auf keinen Fall!

Alice Schwarzer, geboren 1942 in Wuppertal, war 1969 Redakteurin bei PARDON und berichtete danach als Paris-Korrespondentin auch für das Blatt. 1977 gründete sie „Emma", und ist heute Deutschlands bekannteste Feministin.

[1] Anmerkung von Peter Knorr: „Gegendarstellung: Entgegen anderslautenden Behauptungen habe ich Alice Schwarzer nie einen Heiratsantrag gemacht."

Frau unter Männern: Alice Schwarzer in der PARDON-Redaktion, hinter ihr Gerhard Kromschröder, Winfried Thomsen und Peter Knorr (von links)
[Foto: Sammlung Alice Schwarzer]

INNENANSICHTEN

Statt einsamem Abend Weiberrat im Kinosaal
Gerhard Seyfried über seine Zeit in PARDONs Gästezimmer im 7. Stock

Einladung von PARDON nach Frankfurt: Gerhard Seyfried in den 70er Jahren
[Foto: privat]

1970 oder 1971 wurde ich von Hans A. Nikel nach Frankfurt eingeladen, um mal ein bisschen Redaktionsluft bei PARDON zu schnuppern. Und so kam's, dass ich drei Monate dort verbrachte, einquartiert im Gästezimmer im 7. Stock, der Chefetage des kleinen Hochhauses in der Hebelstraße. Ich saß in der Redaktion rum, hörte zu und kritzelte vor mich hin. Unter anderem zeichnete ich ein Wimmelbild für die Jubiläumsausgabe des 100. PARDON-Heftes und füllte es mit Schnuffi im Schützenloch, „Bild-Zeitungs"-Brandstiftern, Jochen und Russen, den Herren Kiesinger und F. J. Strauß, Kiffern und militanten Tirolern, dem Papst und was mir sonst noch so einfiel. Auch das höflich den Hut lüpfende Pardon-Teufelchen durfte nicht fehlen.

Im Lauf der Zeit traf ich fast alle, die bei PARDON eine Rolle spielten, Hans Traxler, Chlodwig Poth und viele andere. Zum Feierabend ging's meist mit meinem Vornamensvetter Kromschröder in die Stammkneipe, wo sich die Herren F. K. Waechter, F. W. Bernstein und/oder Robert Gernhardt für die Nonsens-Seite Witzgedichtgefechte lieferten, und alles was ihnen einfiel, auf Bierdeckeln notierten, Zweizeiler, Vierzeiler und Entwürfe für „Schnuffis Abenteuer". Es gab jedes Mal viel zu lachen.

Einmal, als mir ein einsamer Abend bevorstand, erbarmte sich Elsemarie Maletzke meiner und nahm mich mit zum Weiberrat, der in einem großen Kinosaal tagte.

Gerhard Seyfried, geboren 1948 in München, verbrachte 1970 mehrere Monate in der PARDON-Redaktion, bevor er sich in Berlin einen Namen machte als zeichnerischer Chronist der links-alternativen Szene. Neben zahlreichen Comic-Alben veröffentlichte er historische Romane, z. B. über die blutige Niederschlagung des Herero-Aufstands 1904 in Deutsch-Südwestafrika.

Wie ich mithalf, einen Rekord zu erkämpfen
Paul Taussig über eine denkwürdige Foto-Session, die PARDON ein Allzeithoch bescherte

Eine Woche nach dem Einmarsch der Warschauer-Pakt-Staaten in die Tschechoslowakei im August 1968 kam ich aus Bratislava nach Frankfurt am Main und wurde von Hans A. Nikel zur Probe als Redakteur der Zeitschrift PARDON eingestellt. Vieles war anders, als ich es aus meiner bisherigen Arbeit in der slowakischen satirischen Zeitschrift „Roháč" (Hirschkäfer) kannte, und ich versuchte alles schnell zu erlernen, um den Job behalten zu können.

Ich habe also jede Gelegenheit genutzt, um etwas über die Besonderheiten der westdeutschen Satire zu erfahren. Es gab viel zu lernen. Während die Satire im Osten Europas versuchte, die Zustände im eigenem Land so geschickt zu kritisieren, dass die Leser es verstanden haben, die Zensoren aber nicht, hatte das satirische Monatsblatt aus Frankfurt zum Ziel, so scharf auf Freund und Feind zu schiessen, bis einem der Kritisierten der Kragen platzt und er Anzeige erstattet. Das hatte zur Folge, dass darüber alle Medien berichteten, und es war die billigste und zugleich die erfolgreichste Werbung für das Blatt.

Die aktuellen politischen Verhältnisse in der BRD waren mir völlig fremd. Jedes Mal, wenn ich in der Redaktionskonferenz den Auftrag erhielt, über einen aktiven Politiker Material zu sammeln, musste ich zuerst fragen: Ist er gut, oder schlecht? – Ich sah zum ersten Mal ein Fotokopiergerät, ich lernte mit Hilfe einer Vorwahl mit anderen Orten zu telefonieren, ohne bei der Post um eine Verbindung bitten zu müssen. Und ich musste mich daran gewöhnen, dass es in Westdeutschland keinerlei Zensurbehörde gab.

Bald fand ich heraus, dass es einen weiteren wichtigen Unterschied zwischen der sozialistischen und der kapitalistischen Satire gab. Die sozialistische Satire war prüde. Frauen wurden dort nur als Traktoristinnen oder Lehrerinnen geduldet, selbst als Klassenfeinde kamen sie nicht vor. Im kapitalistischen Westen hingegen ergänzten sie optisch die Texte in fotografierter Form. Ihr Beruf wurde nicht erwähnt, sie mussten nur gut aussehen und womöglich sparsam gekleidet sein. Das war für mich ein völlig neuer und sehr interessanter Aspekt. Die Zeitschrift PARDON hatte in diesem Bereich den Ruf eines Vorreiters.

Vor meiner Ankunft hatte der Verlag sogar ein junges Fotomodell unter Vertrag, welches bereit war, sich ausschließlich für die Bedürfnisse dieser Zeitschrift ablichten zu lassen. Nur hatte sie leider kurz vor meiner Ankunft gekündigt. Als ich fragte, wie man jetzt diesen Verlust zu überwinden gedenke, wurde ich belehrt, es gäbe spezielle Fotoagenturen, die das richtige Modell für jeden Bedarf auf Lager hätten.

Ausgelöst durch verschiedene Skandale, wurde Anfang 1969 in der Bundesrepublik wieder einmal darüber diskutiert, ob sich die Bundeswehr genügend von überkommenen militärischen Traditionen verabschiedet hätte und eine demokratische Armee darstelle. PARDON-Verleger Hans A. Nikel war überzeugter Pazifist, lehnte die Bundeswehr ab und wollte die jungen Soldaten dazu ermuntern, auf ihren Rechten zu bestehen und sich als „Bürger in Uniform" nichts gefallen zu lassen. Für die Bundeswehr als Hauptthema waren deshalb fürs März-Heft mehrere Seiten mit Artikeln und Zeichnungen eingeplant, und als Heftschwerpunkt sollte das Thema auch als Foto aufs Titelblatt der neuen Ausgabe.

In der Redaktion verstand es sich, bei Bedarf als Fotomodell zur Verfügung zu stehen. Für mich war es kein Problem, im Gegenteil, ich konnte es kaum erwarten, vor der Kamera zu posieren. Ich hatte mir nämlich vorgestellt, wie meine ehemaligen Kollegen in Bratislava staunen würden, wenn sie mein Foto in der kapitalistischen Zeitschrift entdeckten. Also machte ich eifrig mit, als es um Entwürfe für das Titelblatt ging. Und staunte nicht wenig, als ich erfahren musste, welcher Vorschlag genommen worden war: ein Scribble mit fünf Soldaten in Uniformen der verschiedenen Waffengattungen der Bundeswehr, die mit drohend erhobenen, geballten Fäusten zornig gucken und rufen: „Soldaten, wollt ihr ewig kuschen?"

So weit, so gut. Doch in der Mitte der Gruppe steht ein schönes Mädchen oben ohne. Ich konnte nicht verstehen, was dort das Mädchen zu suchen hat, ein halbnacktes noch dazu. Von Soldatinnen bei der Bundeswehr war zu der Zeit eher nicht die Rede ... Ich wurde aufgeklärt: Soldaten mit einer Schönheit, oben ohne noch dazu, wecken mehr Kauflust als Soldaten ohne eine solche ...

Nachdem das Motiv abgesegnet war, blieb nur noch die Aufgabe, ein geeignetes Mädchen zu finden, welches bereit wäre, sich gegen Honorar halbnackt mit einigen Soldaten vor der Kamera von einem professionellen Fotografen ablichten zu lassen. Und so wurde ich Zeuge, dass es doch nicht eine so einfache Aufgabe war, wie man mir vorher erklärt hatte. Es standen zwar Kataloge mit Fotomodellen zur Verfügung, doch in keinem wurde eine junge Schönheit gefunden, die den Vorstellungen der Redaktion entsprochen hätte. Schließlich erinnerte sich der Fotograf an ein Mädchen, das er kannte, und das seiner Meinung nach genau die Richtige war. Keiner aus der Redaktion hatte sie gesehen, man verließ sich auf das Urteil des Fotografen und lud das Mädchen zum Fototermin ins Atelier ein.

Beim Theaterkostümverleih Jansen am Hauptbahnhof wurden fünf Bundeswehr-Uniformen verschiedener Gattungen bestellt. Ich wurde dann verdonnert, alles in das Fotoatelier zu transportieren und habe dabei erfahren, dass ich einer der Soldaten sein würde.

Am nächsten Morgen versammelten wir, die Fotomodelle, uns im Fotoatelier. Es waren auch mehrere Damen anwesend, und wir wussten zuerst nicht, welche die unsere war. Wir hatten uns umgezogen, aus mir wurde ein Infanterist in Helm, und ich freute mich, dass meine Freunde in Bratislava vor Neid platzen würden, wenn sie mich in der Bundeswehruniform auf dem PARDON-Titelblatt entdeckten. Man fing an, uns zu gruppieren, und schließlich war auch unser Modell da: ein junges, nettes Mädchen über zwanzig. Noch in Bluse. Die Lichter wurden eingeschaltet, die Kamera aufgestellt und schließlich bekam das Mädchen ein Geheimzeichen: Oberkörper frei zu machen. Nach einem Moment der Stille ertönte ein enttäuschtes Stöhnen aller Anwesenden: Der Busen des Mädchens entsprach nicht unseren Vorstellungen, er war zu üppig, was zur Folge hatte, dass er der Anziehungskraft der Erde unterlag. Die Arbeit wurde unterbrochen. Man versuchte, ihre Haut auf dem Rücken mit Klebestreifen nach unten zu ziehen, um den Busen vorne nach oben zu rücken. Ohne Erfolg. Es war bei weitem nicht so lustig oder gar erotisch, wie ich es mir erträumt hatte. Schließlich hatte man sie so hingestellt, dass man ihren Oberkörper überhaupt nicht sah. Der Fotograf machte einige Aufnahmen, und wir durften uns umziehen und mit unseren Uniformen unterm Arm in die Redaktion marschieren. Dort wartete bereits unsere normale Tätigkeit auf uns und die peinliche Fotogeschichte hatten wir vergessen.

Plötzlich kam ein Telefonanruf aus dem Atelier. Unser Chef Nikel sei dort aufgetaucht,

Atelier-Soldaten: Paul Taussig (Bildmitte, mit Helm) auf dem März-Titel von 1969, dem bestverkauften der PARDON-Geschichte. Rechts das Modell, das die Erwartungen nicht erfüllte, vorn Redaktionsassistentin Birgit Wischnewski

INNENANSICHTEN

um sich die Ausbeute der Titelblattfotos vom Vormittag anzuschauen und das schönste auszusuchen. Es habe ihn fast umgehauen, als er die Bilder sah. Sein Befehl: Alle sofort wieder mit Uniformen ins Atelier zurück und weitermachen! Für alle Fälle nahmen wir diesmal noch unsere schöne Redaktionsassistentin Birgit mit, die allerdings betonte, dass sie nur voll gekleidet bereit ist, auf dem Foto zu erscheinen, worüber wir alle sehr traurig waren. Im Atelier wiederholte sich das Theater vom Morgen: Schwerkraft, Enttäuschung reihum. Schließlich wurde das Fotomodell in eine kleine Lederjacke unseres Layouters gepresst, in der man ihre Brüste eher erahnen als sehen konnte. Als Entschädigung stellte sich Birgit dazu, zwar voll angezogen, trotzdem aber sehr lieb und reizvoll. Es wurde fotografiert, was das Zeug hielt, bis der Chef der Meinung war, es müsste reichen. Und tatsächlich fand er dann ein Bild, welches auf den Titel des Märzheftes 1969 kam.

Von dieser Ausgabe wurden 320 000 Exemplare verkauft, hieß es. So viele, wie noch nie zuvor. Und wie sich später herausstellte, war es damit sogar das bestverkaufte Heft der gesamten PARDON-Geschichte. Unser Chef konnte mit uns zufrieden sein.

Ich habe die Probezeit überstanden und blieb dann über zehn Jahre in der Redaktion. Über diese meine Fotomodell-Story haben meine Freunde in Bratislava leider nie etwas erfahren, denn alle Hefte, die ich ihnen schickte, wurden von der wachsamen tschechoslowakischen Zensurbehörde abgefangen und vernichtet.

Paul Taussig, geboren 1933 in Bratislava, überlebte Auschwitz. Er war Redakteur der slowakischen Satire-Zeitschrift „Roháč" und flüchtete nach Niederschlagung des Prager Frühlings 1968 nach Frankfurt und wurde PARDON-Redakteur, wo er sich u. a. um die Kontakte zu osteuropäischen Karikaturisten kümmerte und verschiedene Beilagen und Sonderhefte wie „Slapstick" betreute. 1979 gehörte er zur Gründungs-Redaktion von „Titanic". Nach der Wende in Tschechien und der Slowakei wurde er mit zahlreichen Preisen geehrt für seine dort veröffentlichten Satiren und Collagen.

Wenn Werbung mal ehrlich ist
Henning Venske über die Grenzen von Satire – und was deren Überschreitung kosten kann

Werbung lügt, sie nervt, ist überall, ob man sie haben will oder nicht. Um dieser erdrückenden Dominanz etwas entgegenzusetzen, haben wir 1980 am Beispiel einer Kampagne für „Jägermeister" unsere ganz eigene Werbebotschaft verbreitet. Vorher hatten wir in der PARDON-Redaktion grob ausgerechnet, dass der Schnapsverkäufer Günter Mast aus Braunschweig in acht Jahren für seinen Promilletrunk ungefähr 2000 Anzeigen in Zeitschriften mit durchschnittlich einer Million Auflage geschaltet hatte. Wenn jede seiner Anzeigen dabei von drei Leuten (zuzüglich Kindern) angeschaut wurde, ergab das nach unserer Rechnung sechs Milliarden Mal den Sinneseindruck „Saufen löst alle Probleme, nur Saufen hilft mir weiter!"

Ernst Volland und Wolfgang Krolow aus Berlin haben die „Jägermeister"-Werbung mit einer Anzeige parodiert, auf deren Foto ein etwa zehnjähriger blonder Junge mit der „Jägermeister"-Flasche in der einen und einem vollen Glas in der anderen Hand sich genießerisch die Lippen leckt. Darunter der Satz: „Ich trinke Jägermeister, weil mein Dealer zur Zeit im Knast sitzt. – Jägermeister. Einer für alle".

Dieses sehenswerte Motiv brachte PARDON eine Einladung vor die Schranken der Pressekammer des Hamburger Landgerichts ein. Die Vorsitzende Richterin und ihre beiden männlichen Beisitzer neigten der Ansicht der Liköranwälte zu, Satire müsse immer gleich als solche kenntlich sein. „Herkunftstäuschung", so lautete eine der juristischen Geheimformeln, die den gigantischen Streitwert von einer Million Mark rechtfertigen sollten.

Das hohe Gericht machte sich tiefe Gedanken, was für einen hässlichen Eindruck ein Mitleser aufgrund unserer Anzeige von der Firma Jägermeister gewinnen musste, der einem PARDON-Leser in der U-Bahn gegenübersaß. Sachkundig stellte die Richterin fest: „Sie überschätzen die Intelligenz Ihrer Leser", und im Namen dieses blöden Volkes erging dann das Urteil: PARDON wurde verpflichtet, dem Schnapsmeister den gesamten Schaden zu ersetzen, der ihm durch die Veröffentlichung entstanden sei und noch entstehen werde. Die Begründung ist heute, in der marktkonformen Demokratie, besonders einleuchtend: „Die Kunstfreiheit (muss) im vorliegenden

Als der Letzte am Zug: Henning Venske, der letzte PARDON-Chefredakteur
[Foto: privat/Deutsches Kabarettarchiv Mainz]

Fall gegenüber dem Persönlichkeitsrecht der Klägerin zurückstehen. Die Beklagte hat (…) beim Durchschnittsleser die Gefahr begründet, die Veröffentlichung (…) für eine Werbeanzeige der Beklagten zu halten. Eine (…) gedankliche Auseinandersetzung mit dem Text der Veröffentlichung nimmt (…) nicht jeder Leser vor".

Aha – die Doofköppe müssen vor ihren Irrtümern geschützt werden. PARDON musste eine Gegendarstellung der „Jägermeister"-Spirituosenfabrik abdrucken, setzte aber auf die Titelseite nun die Abbildung eines Säuglings, der gestillt wird. Dazu der Kommentar: „Ich trinke Jägermeister, weil meine Mami voll davon ist".

Dann ging PARDON in Berufung. Wenig später teilte Jägermeister mit: „Nachdem nun alle für die Klägerin wesentlichen Kreise wissen, dass die (…) Jägermeister-Anzeige nicht von der Klägerin stammt, ist die Angelegenheit für diese erledigt. An einer weiteren Fortführung des Rechtsstreits besteht kein Interesse mehr". Jägermeister übernahm die Gerichtskosten und offenbarte so ein Herz für arme Satiriker.

Im folgenden Mai fand die Angelegenheit ihr Ende: Die Parodie einer „Jägermeister"-Anzeige auf der PARDON-Rückseite zeigte einen etwa zwölfjährigen Jungen mit einem Joint und dem Hinweis: „Ich trinke kein Jägermeister mehr, weil mein Dealer wieder ausm Knast raus is' – Jägermeister. Einer gegen alle". Darauf reagierte die Rechtsabteilung der Firma Jägermeister nicht mehr.

Manchmal kamen Beschwerden aus ganz unvermuteten Ecken. Da hatte zum Beispiel zu Weihnachten 1981 Felix Rexhausen in PARDON eine alberne Schnurre veröffentlicht betreffend den Weihnachtsverkehr. Die daneben abgedruckte Weihnachtskarikatur zeigte, wie sich eine fröhliche, aber vielleicht nicht gerade heilige Familie mit ihren Haustieren im Stall in eine oh Du selige Stimmung vögelt. Fromme Schülerinnen und Schüler aus Fulda beschwerten sich über diese Ungeheuerlichkeit beim Deutschen Presserat, ein Hamburger Richter, angestiftet vom Münchner Oberlandesgericht, bezeichnete die Vorgänge in der Zeichnung als Sodomie, und die Darstellung sei geeignet, den öffentlichen Frieden zu stören.

Die renommierte katholische Theologieprofessorin Uta Ranke-Heinemann erschien persönlich und gutachtete, die Zeichnung sei zwar doof, störe aber keineswegs den Frieden. Der Richter, gefragt, was er denn so an Weihnachten treibe, ob er praktizierender Christ mit eigener Krippe sei und Kirchenkitsch und frömmelnd-zynischen Rummel mitmache, weigerte sich, darauf zu antworten. Auch, ob er am Heiligen Abend lieber kifft oder sich besäuft, war nicht zu erfahren. Am Ende der Auseinandersetzung stand fest: Ein deutscher Richter ist in Weihnachtsangelegenheiten nicht befangen, schon gar nicht, wenn er sich Christ nennt. Der Richter wollte unbedingt mit dem Klingelbeutel Ketzer jagen. Das gelang ihm: Schließlich hatte er 3.200 D-Mark im Sack.

Henning Venske, geboren 1939 in Stettin, war ab 1980 Chefredakteur von PARDON, das künftig in Hamburg im Neuen Konkret-Verlag erschien, bis das Heft 1982 eingestellt wurde. Er war bekannt geworden als Kabarettist sowie als Rundfunk- und TV-Moderator, wobei er immer wieder aneckte. Mit seinen späten kabarettistischen Soloprogrammen kommentierte er kritisch die Tagespolitik.

Lockerungsübungen unter der Käseglocke
Wie PARDON **Ernst Volland** durch den Muff der Adenauerzeit half und ihn in eine neue Zeit begleitete

Das erste Heft von PARDON habe ich durch Zufall in der Stadtbücherei gesehen. Es lag dort aus, ich wurde angelockt durch das Knollnasenmännchen von Loriot, den ich aus dem „Stern" kannte. Diesen wiederum blätterte ich beim Friseur durch, zu dem ich in regelmäßigen Abständen geschickt wurde. Der Haarschnitt gestaltete sich immer gleich: Pisspottschnitt.

Im „Stern" waren neben der Zeichenserie „Reinhold das Nashorn" attraktive Dekolletees von Stars zu sehen, der eine oder andere angedeutete Schlüpfer, ein Blick in eine ferne Welt, Amerika, Hollywood. Auch der „Spiegel" lag aus, den ich aber nur einmal anschaute und nicht mehr zur Hand nahm, da nur langweilige, kleine Fotos von irgendwelchen Politikern abgedruckt waren, oft mit einem Hut bekleidet.

Da man noch so gut wie keine Haare an unentdeckten Körperteilen besaß, übersah man das Bömbchen im Blumenstrauß auf dem Titel von PARDON-Heft Nummer 1. Das zweite Heft legte eine Schippe drauf und ließ die Bombe zündeln. Das Titelbild: Eine brennende „Bild-Zeitung", eine Attacke gegen Springer. Aber „Bild" las man nicht, und wer war Springer?

In diesen Nebel der Unkenntnis stieß die PARDON immer weiter vor, der Flaum verschwand, die Haare am Körper sprossen, nicht nur bei mir, auch bei Freunden, und plötzlich wurde die PARDON herumgereicht. Witzige Zeichnungen von einem gewissen Chlodwig Poth erzeugten ein heiteres Interesse. Ein F. K. Waechter kam hinzu, Bernstein und ... auch Robert Gernhardt landete den einen oder anderen Schmunzler in Bild und Text, immer dabei: Schnuffis Abenteuer. Zahlreiche sogenannte spitze Federn schmückten das Blatt. Ganz schön komisch.

Was war da los, wieso war man plötzlich begeistert vom Inhalt dieses Heftes? In der Adenauerzeit spielte sich das Leben unter einer Käseglocke ab, die Leute von PARDON zelebrierten Lockerungsübungen für den Geist und, wie man dann '68 feststellen konnte, auch Lockerungsübungen für eine andere Form der Demokratie.

Ich kaufte mir schließlich regelmäßig die Hefte, bis meine Eltern einen Blick darauf warfen und mich zur Rede stellten. 1968. Der Patron des Hauses, hinter ihm die Patronin. „So'n Schweinkram kommt mir nicht mehr ins Haus." Das Titelbild: Che Guevara

Was darf Satire? Die mit einer Millionenklage überzogene PARDON-Parodie der „Jägermeister"-Kampagne (links) und die satirische Antwort auf die Klage des Schnapsherstellers
[Fotos: Ernst Volland]

INNENANSICHTEN

plus nackter Dame, die ihre Brüste mit Bömbchen verdeckt. Es war nicht Che, es war die Nacktheit, die empörte. Das Heft wurde vor meinen Augen zerrissen. Dann ging es zum Studium nach Berlin und gleich in eine Kommune und auf die Straße.

Ein paar Jahre später fuhr ich mit meinen Zeichnungen in die Redaktion nach Frankfurt, wurde von Gerhard Kromschröder (Chef vom Dienst) empfangen, sprach mit dem Verleger Nikel und bekam eine Seite. Diese wurde zu Hause von meinem Eltern mit einem gewissen Stolz in der Nachbarschaft und unter Verwandten herumgezeigt. „Er studiert jetzt in Berlin und veröffentlicht schon."

Danke PARDON, für diese wunderbare Verwandlung.

Ernst Volland, 1946 im unterfränkischen Bürgstadt geboren, veröffentlichte erste Karikaturen in PARDON, bevor er sich in den 70er Jahren in der Berliner Szene mit Polit-Plakaten einen Namen machte. Seine Parodie der „Jägermeister"-Werbung im PARDON unter Henning Venske führte 1980 zu langwierigen juristischen Auseinandersetzungen. Volland betreibt heute in Berlin die Fotoagentur „Voller Ernst" und ist als Künstler, Kurator und Autor aktiv.

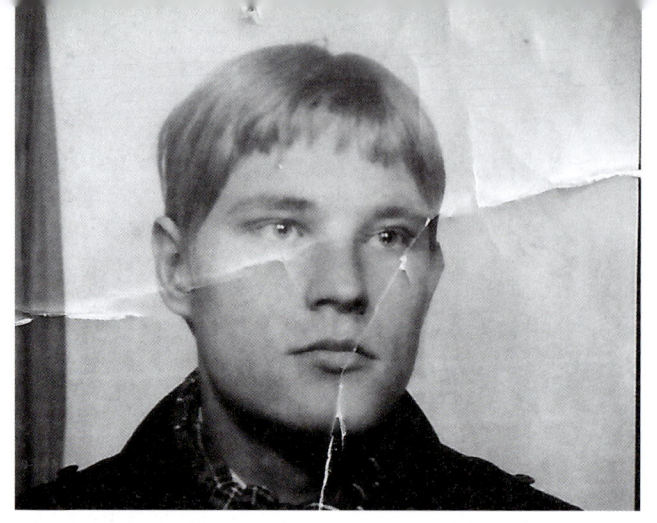

Zum Friseur gehen, hieß mit Pisspottschnitt zurückkommen: Ernst Volland in den 60er Jahren
[Foto: privat]

Dank PARDON jeden Tag drei Päckchen Gauloises
Hannes Wader über sein Gastspiel als Grafiker in Frankfurt

Burg Waldeck liegt hinter mir, das Festival der deutschen Folkszene. Noch kann ich nach dem Wirbel der Begegnungen und Anregungen nicht erahnen, wie tiefgreifend sich mein erster Auftritt dort auf mein weiteres Leben auswirken wird. Für mich war mein kleiner Auftritt ein völlig unerwarteter Erfolg, der mich zusammen mit all den Liedern, die ich hier von anderen gesungen hören durfte, erst einmal zu einem „Weiter so" ermutigte.

Zurück in Berlin, leere ich meinen Seesack – es gibt seit Kurzem überall Waschsalons mit Münzautomaten in der Stadt –, um meine schmutzige Wäsche zu waschen. Dabei fallen mir Dutzende von Zetteln mit Namen, Adressen, Telefonnummern und sogar Visitenkarten entgegen. Auch ich habe meine Anschrift, meist auf Tempotaschentüchern gekritzelt, dutzendfach verteilt. Ich versuche, mich an die mit diesen Zetteln verbundenen Gesichter und Personen zu erinnern.

Einen dieser Namen assoziiere ich schnell wieder mit einem für mich fantastisch klingenden Jobangebot. Hans A. Nikel, der Herausgeber und Chefredakteur der Satirezeitschrift PARDON in Frankfurt am Main, bietet mir, als ich ihm auf der Festwiese erzähle, dass ich als Grafikstudent unter Geldnot leide, spontan an, für die Dauer eines Urlaubssemesters in der PARDON-Redaktion als Layouter zu arbeiten. Für 800 Mark im Monat. So viel Geld habe ich noch nie auf einem Haufen gesehen – also ab nach Frankfurt.

Obwohl kein regelmäßiger PARDON-Leser, die Zeitschrift ist zu teuer für mich, kenne und schätze ich sie sehr. Und nicht nur ich. Bei der kritischen Vor-68er-Jugend genießt das Blatt längst Kultstatus. Im Verlagshaus Bärmeier & Nikel in der Hebelstraße 11 bin ich dem Cheflayouter Klaus Imbeck unterstellt. Ich bekomme gleich die Aufgabe, die Marginalien für eine geplante 33-bändige „Jules Verne"-Ausgabe zu gestalten, für deren Neuübersetzung aus dem Französischen unter anderem die Autoren Wolf Wondratschek und Harry Rowohlt beauftragt sind. Schnell lerne ich bei der jeden Montagmorgen stattfindenden Redaktionssitzung die bereits berühmten PARDON-Zeichner und Satiriker kennen: Robert Gernhardt, Fritz Weigle alias F. W. Bernstein, dessen Zweizeiler „Die schärfsten Kritiker der Elche / waren früher selber welche" wohl jeder kennt. Dann F. K. Waechter, Kurt Halbritter, Chlodwig Poth und Hans Traxler. Sie alle begegnen mir ausgesprochen freundlich, fast kollegial. Die erste dieser Sitzungen, an der ich teilnehme, eröffnet Hans A. Nikel mit den Worten: „Also, Freunde, im nächsten Heft müssen wir mal wieder ein Tabu brechen."

Frankfurt gefällt mir. Allerdings habe ich – auch wenn ich es nicht weiter tragisch nehme – ein Problem: Ich bin sozusagen obdachlos. Ein paar Nächte kann ich in einem nicht benutzten Redaktionsbüro auf der Couch schlafen. Dann kann ich ein paar Tage lang in einem Zweibettzimmer eines Wohnheims das Bett eines gerade nicht anwesenden Studenten benutzen. Der Zweitbett-Bewohner neben mir, ein Student der Rechtswissenschaft, bekommt am Sonntagmorgen Besuch von seiner Freundin.

„Verdammt", sagt er, „mein letztes Paar saubere Socken, und in dieser ist ein Riesenloch drin."

„Dann geh doch ohne", sagt sie.

„Wie bitte? Ich soll in Schuhen ohne Socken laufen, wie 'n Playboy? Ich bin doch nicht Gunter Sachs."

Er zieht die Socken an und verlässt mit seiner Freundin das Zimmer. Ich bleibe noch ein bisschen liegen, greife mir aus seinem Regal Hitlers „Mein Kampf" und blättere darin. Ob mein Bettnachbar wohl Nazi ist? Der Begriff Neo-Nazi existiert noch nicht – wohl, weil die Alt-Nazis, hohe Justizbeamte und Minister unter Adenauer, auch jetzt unter Erhard noch am Drücker sind.

Auch bei meinem alten Freund Lippi, der hier ebenfalls Jura studiert und zur Untermiete wohnt, kann ich ein paar Nächte bleiben, bis seine Vermieterin dagegen einschreitet.

Heute noch dankbar bin ich Robert Kuhn. Robert ist der erst kürzlich engagierte Justiziar des Verlages. Da seine junge Frau Gabriella zurzeit bei ihren Eltern in Italien zu Besuch ist, lässt er mich bei sich wohnen. Robert und ich reden viel miteinander. Ich fühle mich zu ihm hingezogen wie zu einem älteren Bruder, den ich nie hatte. Und unsere Freundschaft hat Bestand. 26 Jahre später, 1992, an meinem fünfzigsten Geburtstag, überrascht mich Robert mit einem besonderen Geschenk: eine Mappe mit Originalgrafiken der großen PARDON-Zeichner, deren „Kollege" ich 1966 kurzzeitig sein durfte. Sie alle haben mir auf Robert Kuhns Initiative hin, freudig, wie er mir versicherte, jeweils eine persönliche Glückwunschzeichnung gewidmet. War mir – und ist mir noch immer – eine große Freude.

Meine Gewohnheit, bis möglichst tief in die Nacht hinein unterwegs zu sein, behalte ich auch in Frankfurt bei. Fast jeden Abend gehe ich erst mal auf dem Eisernen Steg über den Main nach Sachsenhausen in eine der Äppelwoi-Kneipen und esse ein um den andern Tag „Rippchen mit Kraut" und „Handkäs mit Musik". Ich habe jetzt ja Geld. Auch für Zigaretten. Ich bringe es inzwischen, ich kann's ja bezahlen, auf drei Schachteln Gauloises Brunes ohne Filter am Tag.

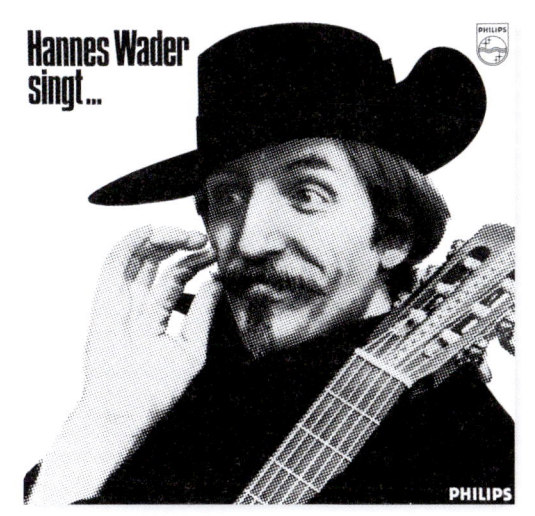

Schmissige Barttracht und schwerer Hut: Nach seiner PARDON-Zeit nahm Hannes Wader seine erste Platte auf; das Cover gestaltete er selbst
[Foto: Sammlung Till Kaposty-Bliss]

Anders als in Berlin gibt es in Frankfurt eine Polizeistunde. Szenekneipen, wo Leute „meines Schlages" (wobei mir selbst nicht so recht klar ist, welches Schlages ich eigentlich bin) anzutreffen wären, sind rar. Manchmal sehe ich kleine Gruppen von Gammlern, die sich an Straßenecken nahe der Hauptwache versammeln. Ich selbst halte mich oft bis Mitternacht, manchmal auch länger, mal im Jazzkeller in der Kleinen Bockenheimer Straße auf, in dem die Brüder Albert und Emil Mangelsdorff, Volker Kriegel und andere Jazzgrößen vor Langem ihre Karriere begonnen haben, oder ich gehe in den Club Voltaire in der Kleinen Hochstraße. Beide Etablissements, unweit der Hauptwache, der Alten Oper und der „Fressgass" gelegen, existieren heute noch.

Im Club Voltaire finden in kleinem Rahmen auch Kulturveranstaltungen statt. Kleine Jazzcombos spielen, linke Autoren lesen. Gäste trinken Bier und diskutieren politisch. Ich höre halbwegs interessiert zu, beteilige mich aber nicht aktiv.

Auf einer Art „PARDON"-Redaktionsfete singe ich meine paar Lieder und finde damit Anklang. Auch Fritz Rau ist, als Freund von Hans A. Nikel, anwesend und richtet ein paar anerkennende Worte an mich. Fritz Rau ist hier noch ganz am Anfang seiner Karriere als legendärer, von den weltgrößten Stars des Jazz, des Blues, der Rockmusik geliebter Konzertveranstalter. Ich würde es nicht unbedingt Charme nennen, aber er verfügt in der Tat über die Gabe, gerade Künstler auf unwiderstehliche Weise für sich einzunehmen, was ich bei jedem Zusammentreffen mit ihm, wir werden uns noch öfter begegnen, wieder bestätigt sehe.

Pünktlich zum Semesterbeginn Anfang Oktober fahre ich, wieder genauso arm, wie ich die Stadt verlassen habe, per Anhalter nach Berlin zurück. Ich habe nichts gespart. Zu diesem Zeitpunkt hat sich in mir längst eine Haltung, eine Attitüde pauschaler Verachtung von Besitz, Reichtum und von Geld als etwas Schmutzigem verfestigt – einschließlich derer, die darüber verfügen. Ich will der arme Poet sein, der Künstler, der von der Hand in den Mund lebt. Mein bei der PARDON verdientes Geld habe ich bis auf den letzten Pfennig in Frankfurt verfressen, versoffen und verraucht. Dass ich mir jetzt nur noch, Essen und Trinken sind nicht so wichtig, eine Schachtel Gauloises statt drei am Tag leisten kann, trifft mich hart. Es war eben doch ein durchaus großzügiges Gehalt, das mir Hans A. Nikel gezahlt hat. Und das, obwohl die PARDON auch ohne mich als Layouter gut klargekommen wäre.

Hannes Wader, geboren 1942 in Gadderbaum (Bielefeld), arbeitete 1966 einige Monate im PARDON-Layout, bevor er seine erste Platte aufnahm. Heute gilt er als einer der führenden Liedermacher Deutschlands. Er lebt wieder in seinem Geburtsort. – Der Text ist Waders Autobiografie „Trotz alledem. Mein Leben" entnommen.

Ich und Satire – wie sollte das denn gut gehen?
Warum **Günter Wallraff** heute sagt: „PARDON – ich habe zu danken"

PARDON war sechs Jahre alt, ich fünfundzwanzig, als Hans A. Nikel, Mitherausgeber und Chefredakteur des Blattes, mich fragte, ob ich in der Redaktion mitarbeiten wolle. Ich sagte zu, nicht weil ich Satiren schreiben wollte, sondern weil mir das antiautoritär-progressive Satiremagazin die Chance bot, meine Reportagen einem größeren Publikum zugänglich zu machen.

Sozialreportagen, so wie ich sie verstehe, werden nicht am Schreibtisch erfunden und umgesetzt. Sie müssen vor Ort und in der Realität gefunden, oft genug erlitten und notfalls vor Gericht auch unter Beweis gestellt werden. PARDON ließ mir die dafür nötige Zeit.

„Wimsig", wie bei PARDON nach der Nonsens-Seite „Welt im Spiegel" der schräg-ironische Blick auf die gesellschaftlichen Zustände genannt wurde, waren meine Reportagen nicht. Witz und Situationskomik bis hin zum schwarzen Humor lieferten die realen Befunde in einer Republik, in der bis in die 70er Jahre der Ungeist und Mief der NS-Vergangenheit waberte.

1967, mein Jahr bei PARDON, war für mich eine produktive Zeit, auch wenn ich den Platz an meinem Schreibtisch im Frankfurter Nordend höchstens für ein paar Erholungstage genutzt habe. Trotz anfänglicher vereinzelter Vorbehalte gegen mich als Fremdkörper erfuhr ich von der Redaktion und den beiden Herausgebern zunehmend Unterstützung, nicht zuletzt, weil ich ein neues, jüngeres Publikum erreichte und sich die Auflage von PARDON in dieser Zeit laut Impressum auf mehr als 200 000 Exemplare verdoppelte.

Eine der für mich bis heute wichtigen und prägenden Reportagen war meine Zeit in Hessens größter sogenannter „Heil- und Pflege-

INNENANSICHTEN

anstalt", dem Philippshospital zu Goddelau, mit 1.300 Patienten, zutreffender Insassen: psychisch Erkrankte, Triebtäter, gescheiterte Selbstmörder und Suchtkranke. Dort ließ ich mich als simulierender Alkoholiker einweisen. Meine Frau Birgit lieferte mich unter dem Vorwand dort ab: Ich hätte sie im alkoholisierten Zustand bedroht. Die Einweisung selbst verlief recht reibungslos. Der Rest war grausig: Für gut 30 Patienten/Insassen stand ein einziger Saal von 70 Quadratmetern zur Verfügung. Epileptiker, Alkoholiker, Psychiatrisierte, alle waren in diesem Raum eingesperrt. Jeder litt in seinem Bett, schrie, stöhnte, war stumm, verzweifelt, aggressiv, depressiv. Sehr bald schon wurde ich notgedrungen vom *teilnehmenden Beobachter* zum Mitleidenden. Ich wurde zunehmend schwermütig und depressiv.

Nur wie diesem selbstgewählten Inferno wieder entkommen?! Die Freilassung wurde mir wegen angeblicher „akuter Suizidgefahr" schlichtweg verweigert und ich sah mich schon auf lange Zeit in dieser Geschlossenen eingesperrt. Nur durch die hartnäckige Intervention meines Freundes Robert Kuhn, damals Anwalt bei PARDON, und der Aussage meiner Frau, ich sei, bis auf Ausnahmen, doch ein eher sanfter, verträglicher Mensch, kam ich frei.

Einer meiner Mitpatienten, Johannes H., mit dem ich mich schnell anfreundete, war als „Altfall" seit fast 25 Jahren hier. Er hatte sich bei einem Fronteinsatz, weil er einem Todeskommando zugeteilt war, den linken Unterarm mit einer Granate weggesprengt, um zu überleben. Er hatte Glück, wie er selbst sagte, dass er nicht wegen Selbstverstümmelung standrechtlich erschossen wurde, sondern in Goddelau gelandet war. Als ich ihm vorschlug, ich hätte Kontakte, um ihn aus der Psychiatrie rauszuholen, lehnte er ab. Er habe einen Sonderstatus und könne sich in der Anstalt als Gehilfe des protestantischen Geistlichen relativ frei bewegen. Außerdem hätten Frau und Kind sich von ihm abgewandt und er finde sich im *normalen Leben* nicht mehr zurecht. Einmal nahm er mich zur Seite und flüsterte mir zu: „Ich habe dich erkannt, du bist der Günter Wallraff." Er hatte mich in einem Fernsehbeitrag gesehen, in dem über einen Prozess des damaligen CDU-Innenministers Lücke gegen mich wegen „Amtsanmaßung" berichtet wurde. Ich hatte mich am Telefon als Ministerialrat ausgegeben, um die illegale Bewaffnung von Werkselbstschutzeinheiten zum Einsatz gegen streikende Arbeiter aufzudecken.

Ich habe dann meinen neuen Freund eingeweiht, und er hat dichtgehalten. Nach meiner Entlassung habe ich ihn hin und wieder in Goddelau besucht. Eines Tages, als ich ihn treffen wollte, war er nicht mehr auffindbar: Er hatte sich umgebracht.

Meine PARDON-Reportagen zeigten Wirkung. An „Napalm – Ja und Amen" erinnere ich mich besonders. Dabei suchte ich katholische Geistliche in einer „Gewissensfrage" auf: Als Unternehmer, der über ein preisgünstiges Verfahren zur Napalm-Herstellung verfügte, lägen mir entsprechende Großaufträge der US-Armee vor. Nun würden mich Gewissensbisse quälen, ob ich dieses Riesengeschäft als gläubiger Christ nicht ablehnen müsse. Vietnam! Die welterschütternden Bilder: Verbrannte Dörfer! Bei lebendigem Leib verbrennende Menschen! Die Verstümmelten! Die Kinder! Ich stieß auf offene Ohren und verständige Ratgeber. Sehr billig wurde mir ihr guter Rat zuteil. Bis auf drei Ausnahmen rieten mir alle, ich solle das Napalm in Gottes Namen verkaufen. Teilweise waren die Antworten der Geistlichen, „pardon-like", wie reinste Real-Satire. Ein Konzilsberater riet: „Das Dilemma ist, dass ein Teil der Bevölkerung in Süd-Vietnam ja gut katholisch ist und wir denen wieder auf die Beine helfen müssen. Dann sollten Sie von diesem Gewinn eine Spende an unsere Missions-Zentrale in Aachen machen."

Eine weitere Empfehlung vom Moraltheologen Prof. K aus Köln: „Unbedingt liefern. Hier geht es um Demokratie oder Kommunismus. Wir werden doch immer in Dinge verstrickt, die wir im Grunde genommen nicht gewollt haben. Das ist wie bei der bischöflichen Weinkellerei in Trier. Die liefern den Wein in die ganze Welt und können auch nichts dafür, wenn er dann in sündhaften Nachtlokalen ausgeschenkt wird, wo auch Nackttänze stattfinden werden und was weiß ich davon?!"

Ein Kaplan der Telefonseelsorge in Frankfurt riet mir dringend ab, mit ihm habe ich mich später angefreundet.

Die katholische Laienorganisation „Pax Christi" und weitere Gläubige setzten daraufhin die Amtskirche unter Druck. Die versuchte über die offizielle katholische Nachrichtenagentur (KNA) die sich ausbreitende Diskussion mit der Meldung zu diskreditieren: „Wen wundert es, dass Wallraffs Umfrage nicht zu seiner Zufriedenheit ausgefallen ist?! Musste er doch als Wehrpflichtiger von der Bundeswehr als abnorme Persönlichkeit entlassen werden."

Bewusst unterschlagen wurde, dass ich den Kriegsdienst verweigert hatte und keine Waffe in die Hand nahm. So war ich bei der Bundeswehr zehn Monate lang Willensbrechungsmaßnahmen ausgesetzt und habe Tagebuch geführt, welches ich in der Zeitschrift „Twen" veröffentlichte. Um mich unglaubwürdig zu machen, wurde ich in die geschlossene Abteilung der Psychiatrie des Bundeswehrlazaretts Koblenz eingewiesen und später mit dem Etikett, oder besser gesagt, mit dem Ehrentitel „abnorme Persönlichkeit, für Krieg und Frieden untauglich" wieder in die Freiheit entlassen.

„Wallraff was here" mit dem über eine Mauer lugenden Zyklopen, das meine PARDON-Reportagen schmückte, wurde zum Markenzeichen – und fand sich als Aufkleber in Hörsälen, Mensen, Telefonzellen, Kneipen und an Toilettenwänden. 1969 veröffentlichte ich die erweiterten Reportagen aus PARDON als Buch in „13 unerwünschte Reportagen" bei Kiepenheuer & Witsch, das inzwischen in zahlreichen Auflagen und Übersetzungen erschienen ist.

Auch Gerichtsverfahren blieben nicht aus. PARDON sammelte sie wie bestärkende Rezensionen. Der Politikwissenschaftler Prof. Eugen Kogon, Autor von „Der SS-Staat", unterstützte mich bei der Verteidigung. Auch Daniel Cohn-Bendit, später Barrikadenkämpfer im Paris von 1968 und noch später Grünenabgeordneter im Europaparlament, stand mir bei und glänzte unter anderem mit einem Zwischenruf bei dem o. g. Prozess wegen Amtsanmaßung im Frankfurter Gericht: „Warum sitzt hier statt Wallraff nicht der Innenminister?" Dafür erhielt er einen Ordnungsruf, das Verfahren gegen mich wurde später eingestellt.

Die Reportage über eine der damals noch seltenen Sekten (Bhagwan/Osho kam etwa 20 Jahre später) war meine letzte bei PARDON. Ich kehrte in Linz, Österreich, bei Leopold Brandstätter, von seinen Anhängern „Leobrand" genannt, und seiner „Weltspirale" ein. Titel der Reportage: „Der Messias bittet zur Kasse."

Leobrand hatte mit Vorliebe begüterte Frauen, u. a. gehörte die Inhaberin einer weltbekannten Schuhmarke dazu, von sich abhängig gemacht. Er imponierte mit einem Alleinvertretungs-Erlöser-Anspruch und seinem weißen Mercedes-Schlitten.

Ein Mann, der seine Frau an die Weltspirale und an Leobrand verloren hatte, hatte mich auf das Thema aufmerksam gemacht. 250 Seiten über das Schicksal seiner Frau und seiner durch Leobrand zerstörten Ehe hatte er mir zugeschickt.

Als ich in Linz die Tagungsstätte der Welterneuerung betrat, um mir Leobrands Missionierung angedeihen zu lassen, stand der Guru schon im Foyer und musterte mich starr. Ich befürchtete schon, er habe mich in seiner „übersinnlich-kosmischen Weisheit"

Man in black: Günter Wallraff während seiner PARDON-Zeit
[Foto: Archiv Günter Wallraff]

von Anbeginn entlarvt. – Wie ich erst später erfuhr: Er trug ein Glasauge.

In dem mehrwöchigen Intensiv-Training, dem ich mich aussetzte, wurden uns nicht nur die beständige Wiedergeburt und der Aufstieg ins All zugesagt, auch in einem noch zu schaffenden Weltparlament hier auf dem Freinberg in Linz wären wir die ersten Auserwählten. Und obendrein: Statt des Ehegefängnisses werde uns das freie Liebesleben beschert. So weit die sinnliche Seite des ehemaligen katholischen Mönchs. „Möge es dem Welt-all gut ergehen!", entließ uns der Meister nach derlei Tiraden aus seinen stundenlangen Vorträgen.

Leobrand als selbsternannter begnadeter „Heilsbringer" war ein Rassist vor dem Herrn, ein Vertreter der weißen Herrenrasse und ihrer angeblich angeborenen Führerschaft. Der „N***", so Leobrand, solle zurück nach Afrika, er gehöre einer „minderen Rasse" an, „Juden" stünden „etwas darüber", aber erkennbar „unter uns". Es sei „wider das göttliche Naturgesetz, wenn sich Rassen untereinander mischen".

Bemerkenswert: Während Leobrands Erweckungspredigten wurde im nahegelegenen Kloster der Karmelitinnen gegen den „vom Satan Besessenen" mit Stoßgebeten gegengehalten.

Nach meiner Reportage schickt mir Leobrand regelmäßig Bannflüche und droht an, dass er „mit Gedanken töten" könne. In seinem Zentralorgan der Erleuchtung, „Weltspirale", galt ich fortan als „Judas der Bewegung", den seine gerechte Strafe bald ereilen würde.

Eine Opernsängerin aus Wien, von der er sich abgewandt hatte und die mich in Köln besuchte, fürchtete um ihr Leben. Sie war überzeugt, er habe die Kraft, aus der Ferne zu töten und habe es ihr angedroht. Auch mich ließen seine Drohungen nicht kalt. Eines Nachts hatte ich einen schrecklichen Albtraum (den ich in meinem Tagebuch festgehalten habe). Auf einer Art Golden Gate Bridge, deren Anfang und Ende sich im Nebel verlor und die einen tiefen Abgrund überspannte, stand ich am Geländer und schaute nach unten. Ich spürte ihn erst, dann sah ich ihn: Leobrand, wie er auf mich zurannte, um mich über das Geländer in die Tiefe zu stürzen. Wir rangen miteinander, ich wich aus, stieß ihn zurück, er nahm erneut Anlauf, ich duckte weg, er prallte gegen das Geländer, verlor das Gleichgewicht und stürzte mit einem gellenden Schrei in die Tiefe. Zwei Tage später rief mich der Mann an, der seine Frau an die Sekte verloren hatte, und berichtete mir, Leobrand sei, genau in der Nacht meines Traums, ganz plötzlich an einer geplatzten Gallenblase gestorben. Es habe keinerlei Anzeichen einer Erkrankung gegeben.

Es soll derartige Übertragungen geben, schließt inzwischen auch die Wissenschaft nicht aus. Als bekennender Agnostiker muss ich aufpassen, nicht am Ende noch zu einem gläubigen Menschen zu werden. Davor bewahre mich Gott!

Günter Wallraff, geboren 1942 in Burscheid, war 1967/1968 festangestellter Reporter bei PARDON und begründete dabei mit seinen ersten, in einer Publikumszeitschrift veröffentlichten Undercover-Reportagen seinen Ruf als investigativer Journalist; heute ist er der bekannteste Vertreter dieses Genres.

IMPRESSUM

Der Band „Teuflische Jahre" erscheint anlässlich der gleichnamigen Ausstellung im Caricatura Museum Frankfurt und wurde zusammengestellt von Gerhard Kromschröder und Till Kaposty-Bliss.

2. und überarbeitete Auflage im November 2022

© Favoritenpresse, Berlin 2022
Alle Rechte vorbehalten. Weiterverarbeitung und Vervielfältigung
nur mit ausdrücklicher Genehmigung des Verlags.

© für die Texte, Fotos und Zeichnungen liegt bei den Urhebern,
für die von PARDON gestalteten Seiten beim Verlag Bärmeier & Nikel, Berlin 2022.
Wir haben uns bemüht, alle Bildrechte zu klären. Falls uns dabei Fehler unterlaufen sein sollten,
bitten wir um entsprechende Nachricht.

Das Teufels-Signet und der PARDON-Schriftzug sind eingetragene Schutzmarken.
Die Verwendung erfolgt mit freundlicher Genehmigung des Verlages Bärmeier & Nikel, Berlin.

Gestaltung Innenteil: Christin Albert (calbert.de), Till Kaposty-Bliss (Bearbeitung 2. Auflage)
Gestaltung Umschlag: Till Kaposty-Bliss
Reproduktionen und Bildbearbeitung: Sten Fischer
Begleittexte zu den Faksimiles: Gerhard Kromschröder und Till Kaposty-Bliss

Endkorrektur: Julia Löffler
Lektorat „Innenansichten": Dr. Robert Kuhn

Gedruckt in Europa.
Druck vermittelt durch: Couleurs Print & More GmbH
couleurs-print.com

Es erscheint eine limitierte Vorzugsausgabe
mit der ISBN 978-3-96849-069-4

Weitere Informationen zum Verlagsprogramm:
favoritenpresse.de

Die Herausgeber danken den zahlreichen Helferinnen und Helfern sehr herzlich.

Warnung: Leser*innen werden darauf hingewiesen, dass dies eine Dokumentation mit Material aus dem 20. Jahrhundert ist. Dabei könnten nicht gendergerechte Texte sowie die gezeigten Abbildungen verstörende Wirkung haben.

ISBN 978-3-96849-068-7

Caricatura Museum Frankfurt